칼뱅 읽기

세창사상가산책 5

칼뱅 읽기

초판 1쇄 인쇄 2014년 7월 10일
초판 1쇄 발행 2014년 7월 15일

—

지은이 김재성
펴낸이 이방원
기획위원 원당희
편집 조환열 · 김명희 · 안효희 · 강윤경
디자인 손경화 · 박선옥
마케팅 최성수

—

펴낸곳 세창미디어
출판신고 2013년 1월 4일 제312-2013-000002호
주소 120-050 서울시 서대문구 경기대로 88 냉천빌딩 4층
전화 02-723-8660
팩스 02-720-4579
이메일 sc1992@empal.com
홈페이지 http://www.sechangpub.co.kr/

—

ISBN 978-89-5586-207-2 04230
    978-89-5586-191-4 (세트)

이 도서의 국립중앙도서관 출판시도서목록(CIP)은 서지정보유통지원시스템 홈페이지(http://seoji.nl.go.kr)와
국가자료공동목록시스템(http://www.nl.go.kr/kolisnet)에서 이용하실 수 있습니다.
CIP제어번호: CIP2014019640

세창사상가산책 | JEAN CALVIN

칼뱅 읽기

김재성 지음

5

세창미디어

머리말

   이 책은 지난 2천 년 세계 기독교 교회의 역사 속에서 가장 위대한 신학자로 손꼽히는 요한 칼뱅의 신학사상을 간추린 것이다. 칼뱅의 신학사상의 근원은 한마디로 축약하면 성경에서 나왔다. 그래서 지금도 기독교의 기본체계를 연구하려면 칼뱅의 저술에 의존하게 된다. 그가 중요하게 정리하고 강조했던 주제들은 그가 살던 시대적 고뇌가 함축된 것이지만, 칼뱅은 기독교의 교훈들은 결코 사람에게서 나온 것이 아니라 하나님으로부터 나온 지혜임을 역설하였다. 기독교의 가르침들은 사람의 지식이나 종교적인 명상에서 나온 것이 아니다. 하늘로부터 나온 계시에 담긴 기독교 사상은 근본적으로 예수 그리스도의 구원사역에 관한 것이다. 인류에게 복된 소식은 계시의 기록인 성경에 담겨 있다. 우리에게 그것을 잘 가르쳐 줄 선생과 지도 교수가 필요하다.

가장 위대한 기독교의 신학을 배우고자 열망하는 사람들은 이 책에서 신학적 비전과 꿈을 풀어준 칼뱅의 핵심적인 사상을 발견하게 될 것이다. 전 세계 기독교 교회와 신학대학에서 최고 수준의 학문으로 칼뱅의 신학이 생생하게 가르쳐지고 있다. 칼뱅의 사상은 거의 대부분 신학대학원 박사학위 과정에서 다루어지고 있다. 지금도 해마다 미국과 유럽 등 여러 곳에서 칼뱅의 신학을 연구하는 세미나가 최고 수준의 석학들이 참여하여 개최되고 있다. 2009년, 칼뱅 탄생 500주년을 기념하는 해에는 전 세계 기독교계가 다시 한 번 칼뱅의 재발견으로 들썩거렸다. 세계의 모든 신학대학에서 가장 많이 다루는 신학자는 단연 칼뱅이다. 그의 신학사상은 기독교의 보물창고와 같다.

16세기 유럽은 격동기, 기독교 신앙으로 세계가 뒤집어진 종교개혁의 시대였다. 새로 등장한 개신교회와 기독교 신앙이 세계 역사를 바꾼 놀라운 시기였다. 천 년가량 답습해 내려오던 전통과 관습적인 종교에 대한 반성과 재해석이 이루어졌고, 이것은 유럽의 역사를 송두리째 흔들어 놓게 되었다. 절대 왕권에 대한 합리적 도전이 시작되면서 근대 시민사회로의 전환을 이룩하게 되었다.

칼뱅의 영향력은 단순히 한 사람의 신학자로서 그치지 않았음에 주목하게 된다. 내가 칼뱅을 기독교 역사상 최고의 기독교 신학자로 손꼽는 이유는 개신교 최고의 신학자로서 칼뱅의 영향력이 상상을 초월할 정도로 광범위하기 때문이다. 칼뱅의 성경적인 저술과 목회 업적은 전 세계 기독교에 퍼져 있으며, 개신교 교회의 확고한 초석을 놓았다.

한국에 살고 있는 21세기의 기독교 신앙인들이 왜 칼뱅의 사상에 주목해야 하는가? 스위스 제네바 교회에서 시작된 칼뱅의 종교개혁 사상이 점차 전 세계로 확산되어서 그 누구보다도 오늘날까지 큰 영향력을 발휘하고 있기 때문이다. 가장 순수하고 성경적인 기독교 신앙의 기본체계를 제시한 사람이 칼뱅이다.

나는 기독교 신앙의 정통을 찾으려는 사람들에게 칼뱅의 신학사상을 철저히 분석해 보라고 권하고 싶다. 포스트모더니즘의 종교다원주의라는 사상을 접하여 기독교 신앙의 문제로 혼란을 겪고 있는 사람들이 있다면, 이 책을 통해서 가장 순수한 기독교 신앙을 이해하게 되기를 소망한다. 하나님을 향한 경건하고도 겸손한 순종과 태도를 겸비하는 자세와 감격과 평안을 발견하게 되기를 소원한다.

　정치나 경제나 수많은 학문의 세계에서도 찾을 수 없었던 해답, 하나님이 없는 곳에서는 결코 주어지지 않는 혼돈에 빠져 있는 분들이 새로운 안목을 찾을 수 있기를 간절히 기원한다.

2014년 6월
저자 김재성

1

16세기 유럽 최고의 지성

한 사람의 사상을 이해하려면 그의 생애와 시대적 환경을 종합적으로 연계해서 살펴보아야 한다. 그 사람이 살았던 세상과 역사적인 성격을 제대로 파악해야만 한 사람의 형성과 그의 영향력을 정확하게 평가할 수 있다. 역사와 사상은 막연히 흘러가는 시간과 우연의 산물이 아니라, 반드시 그렇게 되도록 모든 것이 종합적으로 상호 작용하는 섭리가 작동하고 있다. 한 사람의 출생과 성장과 활약은 '때'를 따라서 펼쳐지는 하나님의 뜻이 이루어지는 것이다.

아담의 타락 이후로 사람에게 영적인 선함이란 존재하지 않는다. 물과 성령으로 거듭나야만 새로운 사람이 되며, 하늘로부터 나지 아니하면 하나님의 나라에 들어갈 수 없다요 1:13, 3:5. 하나님의 은혜가 임하여 영적으로 어두움에 사로잡혔던 자들이 거듭나게 된다. 에베소서 2:1에 "그는 허물과 죄로 죽었던 너희를 살리셨도다"고 하셨다. 하나님의 나라를 건설하는 일꾼은 먼저 체험적으로 어두움에서 빛으로 변혁되는 과정을 경험하였다. 물과 성령으로 거듭나는 것이다요 3:5. 베드로와 야고보, 요한과 빌립 등 모든 사도는 평범한 갈릴리 사람들이었지만 예수 그리스도의 증인들로 완전히 변화된 사람이 되었다. 사도 바울은 핍박자요 방해자였지만 이방인을 위한 전도자로 변화되었다. 아우구스티누스는 마니교와 플라톤 철학을 거쳐서 로마 제국주의 시대에 출세와 권력을 향해서 발돋움하다가 복음의 영향으로 완전히 그리스도의 증거자로 변화되었다.

칼뱅Jean Calvin(1509-1564)은 프랑스에서 16세기 초반 휴머니즘에 기초한 법학을 수업하여 훌륭한 인문학자로서의 수업을 마치고 난 후에 복음을 접하게 되면서 개신교로 회심하였다. 성경을 읽고 개혁주의 신학체계를 종합적으로 제시하면서 제네바 교회를 세우는 설교자로, 전체 개혁교회 진영을 이끌어나가는 지도자로 거듭났다. 칼뱅은 16세기에 로마 가톨릭의 오류를 시정하고자 종교개혁의 신학사상을 완전히 새로 정립했고, 성경적으로 교회의 제도와 예배와 사역을 새롭게 설계하였으며, 결국 개신교가 이룩한 종교개혁을 견고히 지켜냈다.

칼뱅은 평범한 프랑스의 가정에서 출생하여 파리에 유학 가서 인문학을 마치고 오를레앙과 부르주 대학교에서 법학을 공부했다. 프랑스 최고 귀족층의 자녀들과 함께 어울리며 당대 최고의 휴머니즘을 교육받았다. 하지만, 1533년 친구 니콜라스 콥의 연설문 사건으로 인해서 엄청난 변화의 시기가 찾아왔다. 그리고 그는 새롭게 전개되는 종교개혁에 합류하게 되어 새로운 개신교 신학을 발표하였다. 이는 가장 신선한 개혁신학이었다. 칼뱅이 언제 어떻게 해서 종교개혁의 격동기를 충격적으로 체험하고 로마 가톨릭에서 개신교로 회심하였는가는 정확히 알 수 없지만, 하나님의 섭리 가운데 그의 일생은 바뀌고 말았다.

칼뱅은 기독교 역사와 세계 지성사에서 손꼽히고 있는 가장 걸출한 신학적인 저술인 『기독교강요』를 27세에 출판하기까지 점진적인 회심의 과정을 거쳐 확실하게 개혁신앙을 받아들였다.[1] 회심은 성경연구를 통한 개신교 신학의 정립으로 나타났다. 상당기간 전개된 칼뱅의 변화과정은 그 후에도 지속되었고, 개신교 신학의 주춧돌이 된 이 책은 그의 나머지 인생 동안 15배나 확장 증보되었으며, 지금까지도 거의 대부분의 신학대학원에서 가장 중요한 정통신학의 보고로 읽히고 있다.

이와 함께 칼뱅의 목회적 지도력도 오랜 기간에 걸쳐서 하나씩 정착되어갔다. 1536년부터 1538년까지, 그리고 다시 부름을 받아서 1541년부터 1564년까지 일생을 제네바를 기독교 공동체의 모델로 만드는 데 열정과 노력을 기울였는데, 칼뱅과 함께 동시대를 살아가던 경건한 사람들에 의하면 아주 예외적으로 성공적이었다고 평가되었다.

일단 변혁된 종교개혁을 받아들인 이후에, 칼뱅은 앞을 향해서 확신을 가지고 전진하였다. 휴머니즘에서 종교개혁으로 완전히 돌아선 이후에 칼뱅은 강직하게 성경적인 교회의 확립과 교리의 기초를 세우고자 최선의 노력을 다하였다. 참된 성도들은 로마 교회의 오염되고 타락한 예배 방식인 미사에 참석해서는 결코 안 된다고 주장하였고, 교회론을 정립하여 복음적인 교회가 지켜 나가야 할 청사진을 제시하였다. 귀족들과 권력층에 속한 자들도 하나님이 명령한 예배방법을 지키기 위해서는 적대적인 권세와 맞서서 싸워야 한다는 주장을 폈다. 교회에 난무하던 오염을 제거하고, 교회에 가해진 모든 공격으로부터 교회를 방어하기 위해서 정교한 논지를 제시하는 칼뱅의 사상을 따르는 자들이 점차 늘어났다. 원리적으로 변혁을 시도하고, 혁명적으로 개혁하는 작업을 전개했다.

요한 칼뱅은 16세기에 가장 영특하고 뛰어나며 확신에 차 있던 개신교 지도자였다. 그의 마음에 있던 탁월한 힘은 그가 이루어낸 모든 일들 가운데서 증명되었다. 그는 냉정한 사람이었고, 뛰어난 증오자였다. 그가 증오했던 일들은 로마 가톨릭 교회, 재세례파, 단지 거짓된 마음으로 복음을 받아들이고 우상숭배에 빠져서 자신들을 타락하게 만든 자들이 했던 일들이었다. 그는 자신을 하나님의 도구이자, 교회의 선지자로 생각하였는데, 초기와 달리 나중에는 적수가 없는 채로 견뎌야만 했었다. 그는 자신에 대해서 지식적인 능력을 충분하게 가지고 있다고 생각하지는 않았지만, 자신이 정당할 것이라고는 확신하였다. 그래서 그가 옳다고 믿는 것을 성취하기 위해서는 그 어떤 일이라도 마다하지 않았다. 신체적으로는 강하지 못했지만, 그는 다른 사람들을 압도하였고 어떻게 해야 관계를 유지해 나갈 수 있는가에 대해서 잘 알고 있었다. 그의 친구들을 살려내기 위해서는 협박도 하고, 들볶기도 하고, 겸손해질 때도 있었다. 그러나 그가 침상에 앓아눕게 되었을 때에 그의 주변에 모여든 사람들은 깊은 슬픔에 잠겼다. 그를 좋아하지 않는 사람은 거의 없었다.[2]

칼뱅의 감화력은 당대의 사람들에게 가장 매력적인 호소력을 발휘케 하였다. 칼뱅의 제네바는 순례자들이 '거룩한 땅'에 도착한 것으로 생각할 만큼 유럽인들의 선망의 대상이었다. 인구가 급격히 증가하여, 6천 명 내외이던 곳이 두 배로, 네 배로 계속해서 늘어나자 시당국에서는 복층 구조의 주택증축을 지속적으로 권장하게 되었다.

칼뱅은 당대 종교개혁자들과 자주 회합을 같이하였는데, 이를 통해서 성숙과 발전을 거듭하였고, 서로 영향을 주고받았다. 때로는 제1세대의 종교개혁자들인 마틴 루터와 마틴 부서와 함께하는 모임에 참가하였고, 하인리히 불링거, 필립 멜랑톤, 피터 마터 버미글리, 볼프강 무스쿨루스, 기욤 파렐, 시몬 그레네우스, 피에르 비레, 바디안, 요한 케슬러, 쟝 스트룸 등과 같이 토론과 회합의 자리에 참석하여 종교개혁의 원리를 세워나갔다. 칼뱅의 정확한 성경 해석이 밑받침되어서 당시 로마 가톨릭의 오류를 파악할 수 있었다. 종교개혁 2세대 신학자에 속했던 칼뱅의 사상은 낙스와 베자, 존 라스코를 통해서 계승되었고, 19세기에는 흐룬 반 프린스터, 아브라함 카이퍼와 헤르만 바빙크에 의해서 '신칼뱅주의'로 발전되어서 여러 지역으로 퍼져나갔다.

칼뱅의 사상과 신앙을 지키는 사람들을 일컬어서 '칼뱅주의자'라고 부르게 되는데, 사실은 칼뱅을 영웅화하려는 단어라기보다는 변혁주의 문화관이라는 안목을 가지고 각 분야에서 그리스도의 영광을 높이고자 노력하는 개신교회를 일컫는 말이었다.[2] 칼뱅주의자들은 재세례파처럼 국가와 문화의 건설이라는 사명을 완전히 부정하고 자기들만의 신앙공동체를 구성하려는 극단을 거부한다. 독일에서는 경건주의자들이 분리주의적인 태도를 취하여서 소극적인 신앙중심의 생활자세를 가졌던 것도 잘못된 것으로 보았다.

칼뱅은 제네바의 사람이 되었다. 프랑스 남동부와 맞닿은 스위스 국경지대에 위치한 제네바에서 시작하여 주변 여러 자치도시들로 확산된 영향력은 영국과 네덜란드의 개신교회를 세우는 근간이 되었다. 칼뱅이 모든 노력을 바쳐서 이룩한 제네바의 교회개혁, 그의 교회론과 신학사상, 예배의식들은 프랑스 개신교회를 비롯하여 네덜란드와 저지대 국가들, 스코틀랜드와 영국, 폴란드, 헝가리, 독일의 여러 지역, 미국을 비롯하여 아시아와 아프리카에 영향을 미쳤다. 개혁주의 교회의 등대와 같이 빛을 발휘하던 칼뱅의 주제들과 사상들은 지난 500년 동안 훨씬 더 확장되고 포괄적으로 체계화되었다.[4]

칼뱅의 영향력을 추정해 나가다 보면, 그의 인격과 저술들의 힘이 발휘되고 있음에 주목하게 된다. 그의 개인적인 성품과 자세, 그의 사역, 사상과 저술들은 상상을 초월할 정도로 큰 영향을 발휘하였으니 근대 민주주의 정착과 자본주의 형성에도 결정적으로 자리하고 있다. 그가 원하지도 않았는데, 그와 유사한 사상을 가진 사람들을 일컫는 칼뱅주의, 칼뱅주의자라는 이름이 여러 곳에서 사용되었다. 칼뱅이 1548년 6월 26일 하인리히 불링거에게 보낸 편지에서 보면, 츠빙글리의 기념설 혹은 상징설을 따르는 자들과 대립하던 베른의 지도자들은 "칼뱅주의와 부서주의를 가지고 있어서" 그리스도의 영적인 임재를 주장한다고 표현하였다.[5] '칼뱅주의자들'은 '개혁주의Reformed'라는 명칭으로 로마 가톨릭과의 차이를 드러내고자 하였고, 이 용어들은 개신교의 정통신학과 복음적 정체성을 표현하는 대표적인 칭호가 되었다.

1
귀족 자제들과 함께 성장하다(1509-1532)

칼뱅은 1509년 프랑스 파리 동북쪽 약 100여 킬로미터 지점에 위치한 누아용에서 태어났다. 그해에 미켈란젤로가 이탈리아 로마 베드로 대성당 천정벽화를 그렸다. 두 사람은 같은 해, 1564년에 하나님의 품으로 돌아갔다. 미켈란젤로는 이탈리아에서 종교개혁을 받아들여서 예술작품에 천재적으로 반영하고 비운의 생애를 마쳤으며, 칼뱅은 제네바의 개혁자로 엄청난 업적을 남겼다. 이들이 죽은 해에 셰익스피어가 영국에서 태어났다. 칼뱅은 문예부흥이라고 알려진 '르네상스'가 한창 진행되던 시대에 성장하고 자라났다. 그리고 그 찬란한 문예부흥 시대의 마지막 무렵에 터져 나온 종교개혁 사상을 최종적으로 집대성한 기독교 최고의 신학자이자 성경적 정통 신앙의 수호자가 되었다.

1517년 10월 31일 마틴 루터가 95조항을 내걸었다. 로마 가톨릭의 면죄부 판매에 대해서 종합적인 비판을 제시하여 반향을 불러일으킨 사건이 발생한 것이다. 독일 비텐베르크에 새로 생겨난 대학의 교수로 있던 마틴 루터가 선행과 공로를 쌓아야 구원을 얻는다는 로마교회의 가르침에 대해서 회의를 느끼고 학생들이 출입하던 예배당 게시판에 토론주제를 적어 놓은 날이다. 루터의 나이 34살 때이고, 칼뱅은 아홉 살이었다. 따라서, 칼뱅은 멀리 북쪽에서 들려오는 종교개혁의 소식들을 들으면서 성장했고, 후에 개혁운동의 물결에 가입하게 된 2세대 개혁자에 해당한다. 루터의 선도적인 개혁이 이미 퍼져나가서 프랑스와 스위스가 전 국가적으로 새로운 개혁을 받아들이느냐를 놓고서 요동치고 있을 때에 총명하고 탁월한 장학생으로 성장해 나가고 있었다.

누아용에서 둘째 아들로 태어난 칼뱅은 어머님을 일찍 여의었다. 어린 칼뱅의 나이 여섯 살 때였는데 어머니 잔은 매우 경건한 여성이었다. 아버지 제라르는 재혼하여 자식들을 돌보았다. 아버지가 교회에서 일하고 있었기에 귀족의 자식들이 다니던 부속학교에서 공부하였다. 열두 살이 되던 해에 교회의 장학금을 얻어서 파리에 유학하게 되었다. 가톨릭 교회의 신부가 되는 콜레주 몽테귀 예비학교에서 라틴어를 배우고, 차츰 헬라어, 히브리어를 터득했고, 주로 아리스토텔레스의 논리학, 윤리학, 형이상학을 공부했다.

1528년 9월, 아버지의 지시를 따라서 파리 남쪽으로 약 150여 킬로미터 떨어져 있던 오를레앙 대학교 법학부에 입학하였다. 칼뱅의 아버지는 고향 교회의 주교와 정치적으로 다투고 있었다. 직장도 잃어버리게 되고, 출교처분과 함께 종부성사도 받을 수 없게 되었다. 아들이 신부가 된다고 해도 장래가 어두웠다. 그렇기에 세상에서 대우를 받는 법학을 공부하게 되면, 활용할 기회가 많을 것이라 생각하였다. 새로운 학문을 호흡하면서 칼뱅은 귀족집 자제들과 공부하였다. 더 남쪽에 있던 부르주 대학교에 내려가서 여러 교수에게서 강의를 듣고 당대 최고의 법률지식을 갖추게 된다.

1531년 아버지가 사망하였는데, 대략 77세 정도로 추정된다. 칼뱅의 큰형도 이미 신부였는데 마지막 종부성사를 받지

못하였다. 아버지에 이이서 형마저 출교처분을 당하자 엄청
난 충격을 받았다. 아버지에게 순종하면서 성장하던 칼뱅은
파리에서 스스로의 길을 개척해 나가게 된다. 파리 왕립대학
에서 강의를 들으면서 당대 최고의 법학자 기욤 뷔데의 학문
을 깊이 접하게 된다. 뷔데는 당시 프랑스 국왕 프랑수아 1세
의 자문관이었다. 프랑스 문예부흥기의 인재들과 사귀게 되
었고, 법학 전문학위 과정을 졸업하게 되는 1532년에 최초의
저술『세네카의 관용론 주석』을 출판하였다. 이 책은 청년 칼
뱅의 성숙과정을 보여주는 자료로서 그가 로마 스토아 철학
자의 저술에 흥미를 가지고 있었음을 보여 주는 것인데, 학자
로서의 명성을 얻지는 못했다.

2
개신교 최고의 신학자로 거듭나다(1532-1535)

법과대학원을 졸업한 인문학도로 성장하던 칼뱅이 어떻게

해서 종교개혁자가 되기로 마음을 바꾸었는지는 정확하지 않다. 점차 마음이 달라졌을 것으로 추정한다. 결정적인 사건은 1533년 11월 1일, 만성절이라고 불리는 날에 일어났다. 니콜라스 콥이 파리 대학교의 인문학부 학장으로 취임하는 날이었다. 콥은 그 중요한 기회를 활용하여 종교개혁자로 취급될 만한 위험스러운 연설을 하였다. 구원은 은혜로만 받는다는 내용이 핵심 골자였다. 이런 주장은 엄청난 파장을 몰고왔다. 이런 식의 설교를 하는 사람이 화형에 처해졌던 곳이바로 그 당시의 파리였다. 취임식장에 모여 있던 파리 소르본 대학교 소속 신학자들은 그를 이단이라고 규정해 버렸다. 콥은 곧바로 스위스 바젤로 도망쳐버렸다. 일부 학자들은 이 연설문을 칼뱅이 작성했다고 보고 있다. 칼뱅의 방을 조사한 비밀경찰이 그 복사본을 찾아냈기 때문이다. 그날로부터 칼뱅도 파리에는 더 이상 머물 수 없게 되었다. 체포 대상자 명단에 이름이 올려졌다.

이 사건 이후로 약 일 년여 동안 이곳에서 저곳으로 떠돌이 신세가 되고 만다. 부유한 친구의 집에 머물면서 열심히 공부하던 습관대로 종교개혁자들의 사상에 대해서 심도 있게 연구하였다. 드디어 그가 프랑스 남부 앙굴렘에 있던 친구 뒤 띠에의 집에서 나올 때에는 종교개혁을 지지하는 신학자로 변하게 되었다. 그 무렵, 1534년 10월 19일, 파리를 비롯하여 주변 네 개의 도시에서 로마 가톨릭의 미사를 거부하는 '플래 카드'가 내걸렸다. 심지어 국왕의 침실 근처에서도 발견되었 는데, 이런 행위는 왕권에 대한 도전으로 간주되었다. 칼뱅의 친한 친구가 체포되어서 화형을 당하고 말았다.

　1535년 1월, 칼뱅은 프랑스를 떠났다. 당대 최고의 인문주 의 석학으로 추앙받고 있던 에라스무스(1466-1536)가 대학에서 가르치는 스위스 바젤에서 살아가려고 생각한 것이다. 마침 내 칼뱅은 『기독교강요』를 바젤에서 1536년 여름에 출판하였 다. 이 책은 종교개혁을 비난하는 자들에게 내놓는 변증서로 서 종교개혁의 주장들을 과감하게 옹호하면서도 매우 간결하 게 성경의 진술에만 집중하고 있다. 서문에서는 종교개혁을 박해하는 국왕 프랑수아 1세에게 개신교의 변증을 밝혀서 정 치적으로 박해를 받고 있던 프랑스 개신교도들을 위하여 전 제군주의 마음을 바꿔놓고 싶은 강렬함이 담겨 있었다. 물론 칼뱅은 국왕을 설득하지 못했다.

하지만 『기독교강요』는 칼뱅의 명성을 개신교 진영에 퍼트리는 엄청난 영향을 발휘하였다. 이 책으로 그는 일약 종교개혁의 최고 학자로 인정받게 되었다. 특히, 이 책은 아주 간략하면서도 기독교의 핵심을 요약한 것이어서 그 단순함이 돋보였다. 이후로 전 세계에 보급되면서 놀라운 성공을 거듭하였다.

3
제네바 종교개혁에 참여하다(1536-1538)

프랑스 정부에서 반체제 불순분자로 지목해서 자신을 체포하려고 하자, 칼뱅은 외국으로 피신해서 은둔자로 살아가려고 하였다. 프랑스 북부와 독일의 남부 국경도시로 유명한 곳은 스트라스부르였다. 이 도시는 알사스 로렌지방이라서 수많은 전쟁을 겪고 난 후 지금은 프랑스로 편입되었으나, 당시에는 오랫동안 독일어를 사용하여 온 독일 남부도시였다. 칼뱅이 이곳으로 가고자 할 무렵에는 마틴 부서가 루터파 개신교회에서 큰 영향을 발휘하고 있었다. 이 도시는, 과거 요한네스 구텐베르크의 활자 인쇄 발명(1440년)과 더불어, 당시 전 세계에서 가장 높고 엄청나게 큰 교회당이 위치해 있어서 더욱 유명한 도시였다.

1536년 여름, 칼뱅은 스트라스부르로 가기 위해서 집을 나섰지만, 그 지역에서 전쟁이 벌어져서 할 수 없이 동쪽을 우회하여 제네바에 머물게 되었다. 그런데 뜻밖에도 기욤 파렐(1489-1565)의 방문을 받게 되었다. 파렐은 1년 전부터 종교개혁으로 개편된 제네바시의 교회들을 이끌고 있었는데, 우선 설교자가 절실히 필요했었다. 파렐은 자신의 요청을 거절하면 하나님의 저주가 임할 것이라고 강력하게 붙잡았다. 하지만, 종교개혁을 어떻게 성취해야 하는가에 대해서는 칼뱅도 여전히 부족하였고, 도움을 받아야 할 일들이 많았다. 우선 제네바가 어떤 도시인지에 대해서 전혀 아는 바가 없었다. 성경에 대한 지식과 탁월함은 있었지만, 제네바 사람들은 "그 프랑스인"이라고 칼뱅을 못마땅하게 생각했다.

수백 년 동안 로마 가톨릭을 따르던 제네바가 종교개혁을 받아들이기로 결정한 것은 주변 환경의 변화에 따른 것으로, 먼저 베른시 당국이 1533년에 종교개혁을 받아들이면서 크게 격동하게 된다. 제네바시는 1527년부터 200인 의회가 입법과 사법권을 가진 최종 결정기관으로 부상하게 되었고, 군사적으로 이웃에 있는 큰 도시의 보호를 받았던 까닭에 제네바에서도 베른의 영향을 받아서 1536년 5월 21일 종교개혁을 지지하는 안건이 투표로 통과되었다.[6] 이 날 즉각, 주교를 포함하여 무려 400여 명에 달하던 신부들이 사라지고, 단 열 명의 개신교 설교자들만 두게 되었다.

제네바 종교개혁의 첫 사령탑으로 초빙된 기욤 파렐은 혼자서 감당하기에 역부족이었음을 느끼고 있던 차에, 그곳을 지나가기 위해 여관에 머물고 있던 칼뱅을 찾아가서 함께 일하자고 간청하였던 것이다.

훗날 칼뱅은 자신의 처음 시기를 회상하면서, 그 당시에 처음 설교자로 제네바에 부름을 받았을 때에는 그야말로 도시 전체가 혼란과 혼돈상태였었다고 술회하였다. 파렐과 칼뱅은 공중도덕을 갱신하는 새로운 개신교 교회 권징을 도입하였다. 신앙고백서와 요리문답으로 개혁신앙을 젊은이들과 아이들에게 가르쳤다.

칼뱅은 제네바에 정착한 지 얼마 되지 않았던 1536년 10월, 이웃도시 로잔에서 개최된 회의에 참가하였다. 로잔시가 종교개혁에 가담할 것인가를 결정하는 중요한 회합이었다. 칼뱅은 그 회의에 참석한 사람들 앞에서 해박한 성경지식과 초대교부들의 해석들, 논쟁의 기교 등을 보여주었고, 매우 강력한 인상을 심어주었다. 즉, 그를 능가하는 신학자가 없다는 사실을 입증하였다.

파렐과 칼뱅은 18개월 동안 힘을 합쳐서 제네바의 종교개혁을 정착시키고자 노력했지만, 너무나 오랫동안 로마 가톨릭의 전통에 젖어 있어서 반발하는 자들도 적지 않았다. 로마 가톨릭으로 그냥 살기를 바라는 주민들, 더 급진적으로 개혁을 해야 한다는 재세례파들, 그 누구의 간섭도 받기를 싫어하는 무정부주의자들, 기존의 권세를 유지하려 하는 토후세력들이 그대로 뒤섞여 있었다. 게다가 정치적으로나 군사적으로 베른시의 도움을 받고 있었는데, 성만찬을 시행하는 절차와 방법에 있어서도 베른시가 해 오던 전통을 지키나가야 한다고 주장하였다. 칼뱅은 로마 가톨릭에서 시행하던 성만찬의 빵을 집에서 평소에 사용하는 효소가 들어 있는 것으로 대체하겠다고 공언하였다. 시의회는 이런 개혁을 받아들일 수 없다고 결의하고, 칼뱅과 파렐과 쿠롤 등 설교자들을 추방하였다. 칼뱅은 중요한 책들을 싣고서 비가 쏟아지는 가운데 2년 만에 제네바를 떠나야만 했다.

제네바의 도시 개혁자로서 집중하던 칼뱅은 선교적인 감각을 가진 선지자의 역량을 보여주게 된다. 특히 저술을 통해서 그의 영향력은 거의 모든 유럽에 확산되어서 얼굴을 대하여 본 일이 없는 사람들의 가슴에 남았다. 칼뱅의 기여는 제네바의 각 분야에 광범위하게 퍼졌는데, 특히 제네바의 시민사회 형성에 결정적으로 영향을 미쳤다.[7] 주교를 중심으로 형성되었던 법률을 개정하여 진정한 근대사회로의 전개를 가능하도록 자문하고 영향을 발휘한 '법률가'이자 '변호사'였다. 칼뱅이 프랑스에서 제네바로 올 때에 그는 법학박사의 지식을 소유했던 최고의 법학자였다. 루터나 츠빙글리와 달리, 제도적인 로마 가톨릭 신학교에서 신학수업을 전혀 받지 않았던 칼뱅은 오직 성경으로만 해석하는 것을 신학자의 임무로 여겼다. 그가 다녔던 파리의 예비학교에서는 주로 철학과 문학을 중점적으로 공부하였고, 오를레앙에서의 법학수업은 이탈리아에서 퍼지던 '인문주의'와 기독교 휴머니즘을 호흡한 시간이었다. 프랑스 휴머니즘은 당대 최고의 철학자 에라스무스에게서 최고에 달했고, 기욤 브리소네과 르페브르를 통해서 영향을 크게 끼쳤으나, 칼뱅에게 들어간 후에는 개혁신학으로 재생산되었다.

4
스트라스부르에서 3년간 성숙하다(1538-1541)

칼뱅의 생애에서 원숙한 성숙과 성장의 시대로 기록되는 시기가 바로 스트라스부르에서였다. 칼뱅은 순수한 학자로 남아서 연구에만 몰두한 것이 아니라, 부서와 파렐의 충고에 따라서 종교개혁의 현장에서 새로운 교회의 건설자로 참여하였다. 당시에는 독일에 속했던 스트라스부르에는 프랑스에서 박해를 피해 건너온 성도들이 많았는데, 칼뱅은 약 300여 명의 성도들을 지도하는 난민교회 목회자가 되었다. 그의 학문적인 능력이 빛나기 시작했는데, 최초의 성경해석서 로마서 주석을 펴냈고, 『기독교강요』를 증보해서 출판했다.

크고 작은 질병에 시달리던 칼뱅이 자신의 건강을 돌보아줄 배필을 만나서 결혼을 하게 된다. 마틴 부서의 격려 가운데 결혼하게 된 여성은 이듈레 드 뷰어Idelette de Bure인데, 재세례파에서 개종하도록 칼뱅이 가르쳤던 여성이었다. 그녀는 남편이 질병으로 사망하자 1540년 8월 1일, 칼뱅과 혼인했다.

5

시련과 고통 속에서도 개혁을 지속하다(1541-1555)

제네바는 칼뱅이 떠난 후에도 계속해서 표류하고 있었다. 칼뱅과 파렐 등 개혁파 목회자들을 추방한 후로 새로 부임한 목회자들은 모두 다 실패하였다. 어떤 목회자는 전혀 보고도 없이 떠나버렸다. 그런 혼란 중에 1539년, 로마 가톨릭 추기경 야코보 샤돌레(1477-1547)가 다시 로마 가톨릭으로 돌아오라는 공개서한을 보내왔다. 마땅한 대안을 찾지 못하던 시의회는 칼뱅에게 답변서를 부탁해 왔다. 칼뱅은 「교회 개혁의 필요성」이라는 답변서를 보냈는데, 이것은 매우 잘 쓰인 명문으로 당시 유럽전역에서 인정하는 문서가 되었다. 그러자 제네바 시의회에서는 다시 돌아오라고 간청하였다.

칼뱅은 제네바 지도자들의 행태가 괘씸하기도 하고, 믿을 수 없었다. 그는 거의 일 년을 완강히 거부하였다. 파렐은 여전히 칼뱅에게 제발 제네바로 돌아가라고 권유하였다. 여기에 칼뱅의 편지가 남아 있다. "나의 심장을 드리나이다, 하나님의 영광을 위해서 나의 모든 것을 다 바치려고 돌아겠습니다."

1541년 9월 13일, 다시 돌아온 칼뱅은 그가 1538년 떠날 때에 설교하던 본문 바로 다음 구절을 선포하면서 성경교사의 직무로 돌아왔다. 제네바로 돌아온 후, 서른두 살의 칼뱅은 혼란에 빠진 제네바 교회를 위해서 제일 먼저 교회 제도의 정비에 착수하여 「교회 법령집Ecclesiastical Ordinances」을 제정한다. 이것이 칼뱅의 교회 개혁의 결정적인 강수이자 절묘한 승부수였다는 것을 인식하는 사람들이 많지 않았다.

칼뱅과 파렐이 제네바에서 쫓겨났던 1538년 이후로 제네바 교회는 시의 정치적인 지도층의 교체로 인해서 가히 제멋대로 방치된 혼돈과 무정부 상태에 놓여 있었던 것이다. 칼뱅 지지파가 줄어들고, 반대파가 득세하였지만, 제네바 교회를 수습하여 나갈 강력한 목회자가 없었다. 너무나 느슨하고 방만해져버린 교회의 구조적 약점을 고치기 위해서 칼뱅은 스트라스부르에서 돌아오자마자 가장 먼저 교회의 안정된 체제를 확정하였다. 칼뱅은 전통적이면서도 안정적인 체제를 정착시키고자 했다. 1564년 병으로 일생을 마감하기까지 칼뱅은 이 도시를 완전히 바꾸게 하는 결정적인 지도력을 발휘하게 된다. 무조건 핏줄로 세습되는 왕정체제와 귀족정치에서 한걸음 더 나아가서 모든 사람의 인격과 존엄성을 존중하는 근대 시민사회로의 변화과정에 칼뱅이 서 있었던 것이다.

도시의 종교개혁자로서 칼뱅은 계속해서 시정부의 제도적 법제화를 위해서 자문하고 관여하여 마침내 그가 염원하던 제네바 시의회 권력구조에 관한 규칙제정을 거의 죽을 무렵에 완성하게 된다. 제네바는 14세기 이후로 최고 권력자 주교의 독점적인 지배체제로 굳어져 있었다. 주교와 그에게 아부하는 귀족들이 사법권과 치안권을 전횡하고 있었다. 칼뱅은 이것을 먼저 4인의 시장대행 대표 최고위원제로 전환했다. 그들은 각각 3달 동안 시정의 대표자가 된다. 이것은 한 사람이 독재하는 것을 막아준다. 또한 이들 네 사람은 결코 다음 해에 연속적으로 시 대표위원이 될 수 없게 했다. 이 네 사람은 중요한 결정을 하려면 60인 의회의 결의를 존중해야 한다. 보다 일반적인 문제는 200인 의회로 회부되었다. 이처럼 3단계의 시 권력체계를 정착시켜서 정치적인 안정과 '권력남용'을 방지하게 된다.

칼뱅은 제네바 교회에 목사와 장로로 구성된 당회제도를 정착시켰다. 스트라스부르에서 하듯이, 일주일에 한 번씩 모든 성직자가 의무적으로 모임을 갖도록 정례화하였다. 석 달에 한 번은 서로 간에 행동을 심의하도록 하였다. 칼뱅이 시의회와 가장 심각하게 충돌한 것은 교회의 권징을 목사 전원과 장로 12인으로 구성된 당회의 권한 하에 두도록 한 것이다. 당회는 정통교리나 도덕규범을 위반한 구성원들을 견책하거나 출교할 권한을 갖도록 하였다. 당회는 세속적인 사법권과 견줄 만한 '영적인 재판권'을 행사하였다. 시의회에서는 영적인 당회의 권한이 정치적인 사법권을 침해한다고 생각하였다. 교회 생활의 거룩성을 훼손하는 자들에게는 성찬정지, 심각한 위반자들에 대해서는 출교 명령을 내렸다. 간음, 불법적인 결혼, 저주와 욕설, 호화생활, 교회와 전통에 대해서 존중하지 않는 자들이 이에 해당된다.

칼뱅의 가장 두드러진 승리는 당회 권한에 출교권을 포함하는 것이었다. 교회의 치리권이 독립적으로 확고히 영향을 발휘하게 하는 결정적인 계기가 되었다. 이것은 바젤에서 요한네스 외콜람파디우스와 스트라스부르에서 마틴 부서가 아직채 성공하지 못한 것을 이루어낸 쾌거였다. 거의 이십여 년 동안 권세자들과 대립적인 시의회와의 투쟁 끝에 성취하게된 놀라운 업적이다.

당회의 독립적인 치리권과 함께 네 가지 직분론이 핵심조항으로 들어가 있는 새로운 준칙은 약간의 수정을 거쳐서 1541년 11월 20일, 시 대표들의 의회에서 통과하게 되어 「교회법령」이 발표되었다. 여기에 칼뱅이 가졌던 교회론과 교회조직, 교회정치에 대한 구상이 들어 있다. 에베소서 4장 11,12절에 근거하여, 목사, 교사(즉, 신학교수), 장로, 집사 등 4 직분론을 제정하였고, 오늘까지 각각 지켜 내려오고 있다.[8] 목사는 말씀을 선포하고 성례를 집행한다. 교사는 교리의 순수성을 지키는 일에 담당한다. 장로는 도덕적이고 신앙적인 문제에 대해서 권징의 책임을 감당한다. 집사는 교회 재정 출납을 담당하고 구제하며 봉사의 임무를 관장한다. 가장 특징적인 것은 단선적 상하구조의 감독제가 아니라는 것이다.

다시 제네바에 돌아온 후에, 칼뱅은 시 의회의 권위와 권위를 존중하고 따라가고자 하는 성숙한 자세를 견지하였는데, 특히 목사의 안수에 있어서 최종 결정권을 인정하였다. 예배에 있어서, 특히 성만찬에 관련된 세부사항에 대해서 자신이 주장하던 것을 양보하였다.

칼뱅은 거의 매일 설교와 강의에 매진하였지만, 14년 동안 수없는 비난과 도전과 비극적인 사건들 속에서 인내해야만 했다. 목회자의 길이 험난하다는 것을 여실히 보여주는 생애였다. 제네바는 칼뱅이 설교에서 한마디만 하면 모든 사람이 그대로 따라가는 신정통치가 아니었다.

개인적으로 칼뱅이 감당해야 했던 비극은 가족의 죽음이었다. 아들을 낳았지만 이내 사망했고, 오랫동안 산후통을 알아오던 아내마저도 1549년에 사망했다. 칼뱅은 아내가 첫 결혼에서 데려온 자녀들을 돌보았다.

교회의 출교권을 최종적으로 시의회가 가지느냐 당회가 가지느냐를 놓고서 격돌하였다. 이것은 칼뱅과 파렐이 쫓겨나던 상황과 매우 유사하였다. 시의회를 장악한 자들은 오래전부터 칼뱅에게 불만이 많았었고, 1553년에는 그 정점에 달했다. 칼뱅이 추구하던 당회의 치리권은 시의회를 장악한 귀족들에게는 불평의 대상이었다. 그사이에서 스페인 출신의 의사, 마이클 세르베투스가 갑작스럽게 나타났다. 그는 로마 가톨릭과 개신교 양쪽에서 이단으로 정죄당한 자였는데, 칼뱅에게 공개적으로 도전을 하자, 일부 시의회원들이 부추겼다. 싸움은 결국 시의회에서 세르베투스의 화형을 집행함으로 끝났는데, 이 한 사람의 죽음으로 인해서 칼뱅은 지금까지 오해를 받고 있다.

1555년에 이르러서야 비로소 칼뱅의 노력이 결실을 보게 되었다. 그에게서 배운 젊은이들이 시의회에 진출하면서 새로운 지지자들이 생겨난 것이다. 오랜 인내 끝에 아름다운 열매를 보게 된 것이다. 프랑스에서 갈수록 박해가 가중되면서

많은 귀족들과 학자들과 개신교 성도들이 제네바로 건너왔다. 이들은 제네바에서 투표권을 행사할 수 있는 재산과 지식을 소유한 자들이었고, 칼뱅을 지지했다.

제네바에는 칼뱅에게 반항하는 권세가의 자녀들, 귀족의 자식들Les enfants de Geneve이 많았다. 이들은 제네바의 치안총장, 시의원, 시장 등을 역임하면서 오랫동안 실권자로 아미 페랭을 수장으로 삼고 칼뱅에게 즉각 반격을 개시했다. 이들은 제네바 목회자들이 집안의 호화로운 결혼식이나 음주행동 등 가정생활을 문제 삼아서 간섭하려 하자 반발하였다. 제네바에는 각처에서 미사강요를 피해서 들어오는 피난민들이 급증해서 빵 값이 치솟고 말았는데, 더구나 새로 들어온 자들이 제네바의 원래 시민들의 도덕적인 수준과 사회적인 질서가 형편없다고 비판하자 분노가 끓어오르고 말았다. 대부분 새로 들어온 자들은 프랑스, 이탈리아에서 온 귀족집안이거나 지식인들, 전문인들, 갖가지 세공기술과 출판업을 하던 신흥 재산가들이 많았다. 그들의 우월감과 원래 살고 있던 자들의 열등감이 충돌한 것이라고 볼 수 있다. 불평과 욕설, 거리 시위까지도 난무해서, 칼뱅은 1553년 1월에 며칠 동안 시골에서 거행되는 친구의 결혼식에 참석하면서, 도시 전체가 아직도 '무질서'하다고 지적하였다.[2] 그는 잠시라도 이 골치 아픈 도시를 떠나기에 주저하지 않았다.

　제2의 제네바 종교개혁은 위기의 시기를 통과하면서 이룩되었다. 제2의 종교개혁이 이루어지기 직전의 제네바는 한 치 앞을 내다보기 어려울 만큼 절망적이었다. 여기에 오기까지 칼뱅이 겪어야 했던 고초는 이루 말로 다할 수 없었다. 가정적으로는 칼뱅이 의지하면서 사랑하던 아내가 병으로 하나님 나라에 부름을 받았다. 칼뱅의 우려하면서 걱정하던 바는, 1553년 2월 선거에서 "제네바의 아들들"이라고 자처하는 자들 가운데 세 명이 시의회 의원으로 선출되고, 아미 페랭이 최고위원으로 선출되자 기어코 벌어지고 말았다. 시의원은 아니었지만, 또 다른 "제네바의 아들들" 중에 '피에르 베틀리에'라는 자가 있었는데, 그는 지속적으로 방탕한 생활로 인해서 당회로부터 성만찬 참여를 금지당했다. 이에 불만은 품은 그는 지속적으로 칼뱅의 면전에서 저항하였고, 시의회에 성만찬 조항을 수정하라고 압력을 가했다. 당회가 결정한 수찬금지 조항을 철회하지 않으려면, 칼뱅이 제네바를 떠나야 한다고 협박을 가했다. 베틀리에는 수찬금지를 형식적으로는 받아들였지만, 칼뱅의 충고를 따른 것은 아니었던 것이다. 칼뱅은 떠나지 않고 머물러 있으면서 굴욕을 참고 인내하였다. 1555년, 칼뱅의 지지자들이 시의회 선거에서 다수를 차지하는 승리의 날이 왔다. 마침내, 칼뱅은 지도력을 회복하게 되었다. "제네바의 아들들" 약 30여 명이 200인 의회 선거에서 낙선했는데, 새로 들어온 프랑스 피난민 중에 귀족들이 신분과 지위를 인정받아서 선거에 참여한 것이 주효했다. "제네바의 아들들"은 1555년 5월 16일에 도시에서 여러 차례 항의하면서 폭동을 주도하였다. 로버트 킹던 교수는 바로 이때가 제네바의 두 번째 종교개혁이라고 하였다.

칼뱅은 일체의 동정심을 베풀지 않았으니, "교회의 질서와 거룩한 종교개혁"을 뒤집으려는 자들이요, 음모를 꾀한 자들이라고 규정하였다. 주모자 12명이 체포되었고, 관련자들에 대해서 심문을 받았다. 시의 치안질서에 대한 반역죄가 확정되어서 열두 명 모두에게 사형선고가 내려졌다. 그중에 주모자 네 명은 처형되었고, 아미 페랭을 포함한 나머지 여덟 명은 베른 지역으로 추방되었다. 그와 연관된 열다섯 명은 몰래 도망을 갔다. 그 후로 제네바 교회의 당회가 가지는 치리권이 확보되어서, 수찬정지를 당한 자들은 시 당국자들 앞에서 회개한 증거를 입증해야만 시민으로 거주할 수 있었고, 주어진 기간 내에 교회와 화해할 방안을 찾도록 의무화되었다. 그러한 조치를 이해하지 않는 자들은 모두 다 추방되었다. 이로 인해서 도시의 도덕적 질서가 한층 강화되었다. 이제, 제네바 시의 모든 사람은 설교를 들으러 교회에 출석해야만 하였다. 심지어 거짓 교인이라 하더라도, 교회에서는 출석부를 기록하고 있었다.[10] 하지만, 사회적으로는 지나친 간섭이라고 생각하는 제네바 출신의 정치인들과 마찰을 빚게 되었다. 그들은 전혀 간섭을 받지 않고 귀족층의 특권을 누리기 원하고 있었던 것이다. 칼뱅에 대한 불평을 표출하는 방법으로 강아지 이름을 '칼뱅'이라고 부르면서 시내를 끌고 다니던 자들도 있었다.

칼뱅이 가졌던 종교개혁의 무기는 설교였다. 25년 동안 약 4천 번이 넘는 설교를 통해서 직접적으로 잘못을 지적하고, 때로는 더 나은 시의회를 선출하도록 촉구하였다.[11] 그는 모든 시의회 지도자들에게 설교를 통해서 영향을 미치고, 여론이 형성되도록 하였고, 때로는 중한 압력을 가하였다. 그는 잘못된 행동을 꾸짖는 데 주저함이 없었으며, 하나님을 두려워하는 지도자들을 선출하라고 시민들에게 촉구하였다. 이로 인해서 칼뱅이 죽을 무렵의 제네바는 그가 처음 도착했을 때와는 전혀 다른 도시가 되었다.

6

찬란한 업적을 남기다(1556-1564)

제네바에서의 승리는 곧바로 유럽 전역으로 영향력을 확대하는 계기가 되었다. 칼뱅은 외교적으로 관련을 맺은 수많은 해외의 지도층 인사들과 교류하면서 가르침을 나누었다. 1559년 제네바 아카데미를 건설하여 전 세계에서 찾아오는 젊은이들을 배출했다. 이 학교 졸업생들 가운데 수백 명을 프랑스 개신교회를 이끌고 나갈 목회자로 파송하였다. 그 후로 제네바는 가장 뛰어난 학자들과 목회자들을 배출하는 종교개혁의 요람이 되었다.

또한 1559년에 『기독교강요』의 최종판을 발간했다. 이 해에 칼뱅은 제네바의 시민권을 부여받았고, 투표할 수 있는 권리를 얻을 수 있게 되었다. 하지만, 이때부터 그의 건강을 치명적으로 악화시킨 만성 소화불량, 편두통, 담석증, 만성 통풍등이 심해졌다. 1564년 5월 27일, 54세로 하나님의 부름을 받았다. 몇 주간 동안 제네바 목회자들과 시의회 지도자들을 침상에서 만나 작별인사를 나누었다. 그의 부탁에 따라서, 시 공동묘지에 마련된 무덤에는 아무런 표지조차도 남기지 않았다. 그의 묘지나 장례가 혹시라도 새로운 성자를 숭배하게 되는 일이라고 비난받을 것을 염려하였던 것이다.

칼뱅의 개혁운동과 신학적 성취가 성공하게 된 이유는 무엇일까? 어떻게 해서 당대 수많은 개혁자들 가운데 그의 사상과 영향이 그토록 탁월했으며, 오랫동안 광범위하게 미치게 되었는가? 칼뱅의 제네바 사역과 그 후 지속적인 성공 요인은 여러 요소가 함께 건설적으로 상승작용을 했기 때문이다.

칼뱅의 성공요인 중에 첫 번째로 꼽을 수 있는 것은, 칼뱅을 지지하는 새로운 지도자들이 확보되었다는 점이다. 오늘날로 해석하자면 제네바라는 특수 도시의 성장과 밀접한 관련이 있다. 새로 들어온 피난민들 중에는 뛰어난 학자와 귀족, 지식인이 많았다. 1547년 프랑스 왕 앙리 2세가 박해를 가하자 수천 명의 난민들이 신앙의 자유를 찾아서 제네바로 몰려들었다. 파리, 노르망디, 오를레앙 등 프랑스는 말할 필요가 없고, 이탈리아, 스페인, 스코틀랜드와 잉글랜드에서 찾아왔다. 그들은 제네바 경제를 활기차게 만들었다. 제한된 좁은 면적에서 건축업이 성행하였다. 이층을 오층이나 육층으로 개축하게 되었다. 도시의 성장은 모든 시도를 가능하게 하였다.

1555년 5월에 60명의 부르주아를 시민으로 인정하였고, 1559년까지는 300명을 더 받아들였다. 변호사, 의사, 출판업자, 학자들이 많았고, 포도주 생산업자도 새로 들어왔는데 장 자크 루소의 선조인 디디에르 루소가 이때에 프랑스에서 이민을 왔다. 이들 상인들은 진실된 신앙인들이었기에 하나님의 교회가 든든히 서게 되는 데 큰 일조를 하였던 것이다.

제네바는 독립된 도시 국가로서 어떤 다른 유럽의 도시보다 앞서 나갔다. 19세기나 20세기에 체험할 수 있었던 시민 사회의 자유를 이미 칼뱅의 시대에 향유하고 있었다. 칼뱅과 함께하던 지식인들은 신앙적으로, 사회적으로, 정치적으로 제네바의 중요한 지위를 가진 사람들이 되었다.

두 번째 성공요인으로는 저술과 서적으로 지식인들을 향해 메시지를 던졌고, 후계 세대를 교육했던 점이다. 당시 모든 지식의 최고는 성경이었고, 대중이 가질 수 있는 영어 번역본인 『제네바 바이블』이 인쇄되어서 '킹 제임스 번역본'이 나오기 이전까지 엄청나게 출판되었다. 칼뱅의 저술을 비롯해서 수많은 책을 출판하는 인쇄소가 제네바에서 크게 성행하였다. 1549년에 다섯 개에 불과하던 출판사가 1563년경에는 34개로 늘어났다. 칼뱅의 저술은 큰 영향력을 발휘하여 엄청나게 팔려나갔고, 시편찬송가와 성경 등이 인쇄되어서 1570년에는 한해에 모두 35,000권이 인쇄되었다. 칼뱅의 영향력은 책을 통해서 대학의 확장과 함께 새로운 지식층이 형성되면서 널리 퍼져나갔다. 유럽 근대 사회의 지도자들 거의 모두가 칼뱅의 책을 읽지 않은 사람이 없을 정도였다. 엘리자베스 1세 여왕의 통치시대에 칼뱅의 책보다 더 많이 출판된 책은 영국 내에서 없었다.

1559년에 설립된 제네바 아카데미의 성장과 부흥이야말로 칼뱅의 지도력이 빛을 발하던 가장 중요한 요소였다. 이 학교에는 프랑스, 이탈리아, 스코틀랜드, 네덜란드, 폴란드, 베니스, 나폴리 등에서 젊은이들이 몰려왔다. 이들은 모두 다 칼뱅이 제네바에 심은 영향력을 목격하고 체험한 자들로서 훗날 각각 자신들의 나라로 돌아가서 교회와 정치의 중요한 지도자들이 되었다.[12] 런던, 브라질, 피드몽, 주로 프랑스에 파송된 선교사들이나 다를 바 없었다. 칼뱅이 죽던 해에 입학생들은 300여 명을 넘어섰다. 이 학교에서 배출된 인재들은 유럽 곳곳에 파송된 최고 수준의 고전학자들이자 선교사들이었다. 매주 수요일 아침과 주일날 드리는 세 번의 예배에 참석하도록 했다. 여름에는 오전 6시에, 겨울에는 오전 7시에 기상하고 오후 4시에 수업이 종결되었다.

칼뱅이 길러낸 학생들과 성도들이 교회의 지도자들이 되면서, 시 당국은 우호적으로 협조하게 되었다. 그 대표적인 인물이 1534년생 마이클 로제이다.[13] 그는 불과 스물두 살 때에 시의회 의원이자 장로로 선출되었고, 1560년에는 최고의회 의장이 되어서 1612년까지 시의 모든 행정책임자로 헌신했다. 그는 하나님 앞에서 겸손한 자세로 노력해야 한다고 확신하였다.

셋째, 열린 세계적 안목global perspectives을 가지고 개혁신학을 주변 사람들과 나누면서, 서로 긴밀히 협조하였다. 칼뱅은 단순히 제네바 내에서만 사역하고 결정하는 것으로 한정되지 않았다. 그는 세계교회를 항상 인식하고 있었고, 유럽 전체를 깊이 고려하였다. 그래서 제네바 시민권을 받은 것도 1559년이었다. 사실 그는 항상 자신을 프랑스 난민으로 생각하였고, 신앙적으로 왜곡되고 불행한 나라를 마음속에서 결코 잊지 않았다.[14]

그는 1538년부터 1541년까지 스트라스부르에서 프랑스 난민교회를 섬겼는데, 마틴 부서의 강권으로 프랑크푸르트, 하게나우, 보름스, 레겐스부르그 등 여러 종교회의에 참석하여 당대 종교지도자들과 서로 만나서 협의하였다. 이런 초기 모임은 '화해의 신학자'로 알려진 마틴 부서의 주선과 강권으로 이루어진 것이다. 레겐스부르그에서는 로마 가톨릭에서 나온 추기경들(Antoine Perrenot de Granvelle, Gasparo Contarini) 등과 격돌하면서 부서와 멜랑톤을 지지하는 발언을 하였다. 이들 각종 회의에서 칼뱅의 총명함과 박식함이 돋보였는데, 특히 멜랑톤은 칼뱅의 영특함에 찬사를 보냈다. 이런 경험을 통해서 칼뱅은 세계적인 안목을 갖추게 되었고, 그 시대에 논쟁되고 있던 교회와 관련된 논쟁들에 대해서 답변하고자 하는 의욕과 동기를 갖게 되었다. 그리하여 후에 쓴 논문들에서 당시 찰스 5세에게 교회의 개혁의 필요성을 촉구하였고, 트렌트 종교회의에 대한 반박문을 발표했으며, 시말칼틱 전쟁이 벌어지자 신성로마 제국의 황제에게 비판서를 제출하였다. 페라라의 공작부인과 잉글랜드의 귀족들, 폴란드, 프랑스, 사보이, 저지대 국가들에게도 편지로 조언과 자문을 보냈다. 칼뱅은 세계적인 안목의 사람이었다.

넷째, 타협과 포용의 지도력이 빛을 발휘하였다.

칼뱅의 안목과 저술과 활동에서 가장 오해를 받는 부분은 엄격하고 딱딱하게 굳은 초상화로부터 나온 이미지이다. 그러나 이것은 로마 카톨릭 측에서 나온 비판자들이 남긴 곡해에서 비롯된 것이다. 수많은 역사가들이 이런 천편일률적인 곡해를 교정하기 위해서 글을 남겼으니, 포용성과 넉넉함과 교회 일치를 위해서 수고한 노력을 확인해 찾아볼 수 있다.[15] 특히 16세기 성만찬 신학은 개신교진영이 첨예하게 서로 달라서 어려움을 겪었던 주제였다. 그 유명한 1529년 말부르그 종교회합에서 루터파와 츠빙글리파는 합의에 도달하지 못하였다. 그 후로 스위스 자치 도시마다 각각 역사적인 전통에 따라서 다른 해석을 채택하고 있었는데, 그들과 제네바시와의 군사동맹이라든가 교회적인 교류 때문에, 칼뱅은 각각의 차이점을 묵인하였다. 칼뱅은 츠빙글리의 상징설에서 성만찬의 신비로운 부분이 약화되고 있음을 우려하였지만, 루터의 공재설을 충분히 고려하지 않고 있던 취리히 신학자들의 표현들도 받아들이는 융통성을 발휘하였다.

사실 칼뱅은 두 신학자 사이에서 중간 입장을 취했지만, 1541년 츠빙글리와 외콜람파디우스가 루터를 정당하게 존중하지 않는다는 것에 대해서는 아쉬워했고, 좋은 교리를 세우기보다는 나쁜 교리를 파괴하는 데 치중하고 있다고 평가하였다. 자신의 성만찬 신학을 충분히 발표하면서도 칼뱅은 꾸준히 연합된 합의서를 만들기 위해서 최선을 다하였다. 칼뱅이 염두에 두고 있던 것은 성령께서 성만찬에 기여하시는 역할과 교회를 위해서 주시는 영적인 양식이 된다는 사실이었다.[16]

조금이라도 화해의 희망이 남아 있다면, 만일 상호 간에 선한 의지가 유지되고 있지 않아도 나의 허물이 아닐 것입니다. 이 글에서 내가 제시하는 것이 지나치게 격렬한 것인데도 아무런 가치가 없다 하여도, 친밀한 토론을 위해서 지정해야 할 시간과 장소는 있을 것입니다. 나는 이미 그곳에 참석하겠다고 약속했고 선언했고, 자비의 정신을 보일 것이며, 거룩하고 거룩한 협약의 바람직한 성공을 지체하지 않을 것입니다. 나는 내부의 불화 속에서 즐거워하는 자가 아니기 때문입니다.[17]

그 밖에도 칼뱅은 교회의 구조와 예배 방식에 있어서도 비본질적인 부분에 대해서는 교회의 분열이 초래되는 것을 우려하여 매우 유연하게 대처하였다.[18] 제네바에서 하는 방법만이 최고라고 하는 인상을 주지 않으려 하였다. 칼뱅은 다른 교회들에게 제네바의 예루살렘을 만들어서는 안 된다고 경고하였다.

칼뱅의 모든 사상과 활동을 종합하면 '개혁'이라는 한 단어로 집약된다. 칼뱅의 신학사상과 종교개혁의 원리를 따르는 자들을 '개혁주의'라고 일컫는 이유이다. 칼뱅은 로마 가톨릭의 모순과 오류를 벗겨버리고 기독교 신앙을 개혁한 사람들 중에서 최고의 업적을 남겼다. 칼뱅으로 인해 비로소 위대한 개혁주의 신앙이 태동되었고, 찬란한 정신과 유산이 새겨졌다. 하지만 그가 완벽하다는 말은 결코 아니다. 그는 16세기라는 유럽 시대정신을 호흡했기에 여전히 미완성이요 제한적이다. 그의 목표와 정신은 종교개혁이 추구했던 목표와 방향을 일깨워 주었다. 칼뱅은 교회와 사회의 개혁을 향해서 일생을 헌신하였다. 이런 철저한 노력은 그의 질병조차도 막을 수 없었다.

한번 개혁했다고 해서 그대로 고수하려고 한다면, 또 다시 실패하고 만다. 한번 개혁된 교회라 하더라도 항상 개혁하고 또 깨우쳐야 한다는 것이 칼뱅의 이상이었다. 개혁은 지속적으로 노력해야 할 과제이다. 인간의 판단력이란 실수가 있게 마련이다. 사람의 생각에 의존하지 말아야 한다. 갱신과 변화가 없다면, 심지어 칼뱅이라 하더라도, 한 사람의 천재성과 뛰어난 학식에 사로잡히는 것이다. 인간의 한계와 모순을 극복하는 길이 바로 '칼뱅주의'라는 정신에 들어 있다. 칼뱅의 비전은 끊임없이 개혁하고 또 갱신하라는 것이다. 칼뱅의 비전에는 근본이 있다. 사람이 아니라 하나님께서 참된 것과 거짓된 것을 판단할 것이요, 의로움이 드러나도록 역사한다는 믿음이다.

2

경건의 신학

칼뱅에게서 발견되는 가장 중요한 신학사상의 특징은 처음부터 마지막까지 성경적인 근거에 충실하고자 하는 것이다. 모든 면에서, 토론에서나 저술이나 설교나 편지에서나 가장 먼저 성경에 충실하려 한다는 것은 신앙의 기본자세를 말하는 것이다.

성경을 중심으로 전개하는 칼뱅의 신학은 가장 순수하고 바른 자세와 태도를 갖추게 만들었다. 곧, 칼뱅으로 하여금 하나님의 계시 앞에서 '겸손함과 진지함이라는 규범'을 지키고자 노력하는 자세를 갖추게 만들어 주었다. 1959년에 『기독교강요』를 새로이 영어로 번역하여 출판한 배틀즈 박사는 칼뱅의 신학사상에서 "경건의 신학theologia pietatis"이라고 명명하는 부분이 가장 중요한 요체였다고 강조한 바 있다.[19]

경건이라는 말은 성경에서 신앙생활의 핵심요소로 강조되고 있는바, 칼뱅에게서는 교리와 윤리가 결코 분리되지 않고, 서로 긴밀하게 관련되어 녹아 있다. 경건의 신학이란 교리와 삶이 따로 떨어져 있는 것이 아니다. 머리로만 생각하고 이론적으로만 분석하는 것이 아니라, 생활 속에서 하나님을 두려워하고 사랑하고 존경하는 것이다.

칼뱅은 헬라철학자들의 영향으로 세워진 중세 말기의 스콜라주의 신학, 즉 아리스토텔레스의 철학을 따라서 체계적이고, 이성적이고, 논리적이고, 학문적 설명을 위해서 신학을 하자는 것이 아니다. 오히려 헛된 가설을 세우거나 공허한 사색으로 빠지는 것에 대해서 경계한다. 칼뱅의 관심은 송영, 찬송, 감사에 관한 것이지 어떤 주제에 대해서 따져서 원인과 결과를 규명하려는 일련의 수평적 전개가 아니다. 그 어떤 주제에 대해서도 쓸데없는 추론이나 상상을 하지 않는다. 건실한 교리와 건실한 행동이 떨어져서 따로 다루어지는 것이 아니다.

중세말기의 스콜라주의 신학은 객관적인 근거를 만들어서 추상적인 정의와 교리를 작성하고 그를 따르지 않으면 신랄한 비판과 공격적인 추정을 강요하였다. 예를 들면, 루터의 95개조문을 반박하기 위해서 만들어낸 트렌트 종교회의 선언문은 대표적인 로마 가톨릭의 구원론인데, 주로 종교개혁자들의 교리에 대해 저주가 선포되어 있다.[20] 예를 하나 들면, 중세 시대에는 '수호천사'에 대한 강조와 호기심이 대단했다. 그러나 칼뱅은 천사들의 본성이나 숫자나 위계질서 등에 대해서 명쾌한 성경의 설명을 벗어나지 말라고 경고하면서, 공허한 사변에 빠지지 말라고 촉구하였다.

… 성경을 읽을 때에, 우리는 덕을 위하여 주어진 것을 찾고 묵상하기를 끊임없이 힘써야 하며, 호기심에 빠져서 무익한 것들을 탐구하는 데에 마음을 빼앗겨서는 안 될 것이다. 주께서는 열매 없는 질문들에 빠지기를 원하시는 것이 아니라, 건전한 경건과 그의 이름을 경외하는 것과 참된 신뢰와 거룩한 의무들에 관하여 우리를 가르치기를 원하시므로, 우리는 그런 것들에 대한 지식으로 만족해야 할 것이다 ….

신학자의 임무는 사람들의 귀를 긁어주는 것이 아니라, 참되고, 확실하고, 유익한 것들을 가르쳐 줌으로써 양심을 강화시켜주는 것이다 …. 따라서, 어리석은 지혜로부터 벗어나서, 주께서 우리에게 알려주신 것이 무엇인가를 성경의 단순한 가르침에서 찾아나가도록 하자.[21]

또한 칼뱅은 자기 자신에 대해서도 매우 엄격하여 대략적인 사역과 흐름에 관련된 것들만 남겼다. 엄청난 저술과 설교와 성경해석을 남겼는데, 그 가운데 결코 자신의 자랑이 될 만한 것을 언급한 적이 없다. 그리고 독자들에게 자신의 방향을 제시한 것으로 그쳤다. 물론, 그의 지침들은 성경으로 돌아가려는 것이 분명하였지만, 그가 남겨둔 해석의 여지, 혹은 재해석의 가능성으로 인해서 끊임없는 대립의 근거가 되기도 하였다. 정작 칼뱅의 어떤 주제들에 대해서는 매우 간략하게 가르침을 끝내고 말았었는데, 그 이유는 성경 자체의 방법론을 따르고자 했기 때문이다.[22] 성경에 충분한 설명이 없다는 것은 그것만으로 충족하다는 입장이었다.

법학도이자, 인문주의 연구가였던 칼뱅에게 신학은 전혀 생소한 영역이었다. 성경을 연구하는 신학이라는 학문은 전혀 공부하지 않았던 분야였다. 따라서, 자료도 없는 개신교 신학을 새로 세우는 데에는 한계가 있었다. 우선 히브리어와 헬라어를 공부해야만 하는 필수적인 준비가 필요하다. 칼뱅은 학교에서 라틴어를 배웠지만, 개인 선생에게서 히브리어와 헬라어를 공부했다. 두 가지 언어를 완전히 극복하여 성경본문을 읽고 제시한 개혁주의 신학은 중세 말기 로마 가톨릭이 지향하던 '스콜라주의'와는 완전히 달랐다. 칼뱅의 특징은 스스로 신학을 연구하면서, 철저히 "고전 원본으로 돌아가자ad fontes"는 휴머니즘의 방법론을 갖고 있었다. 칼뱅에게 있어서 고전이자 원본은 성경이었다. 법학도 칼뱅은 아리스토텔레스, 스토아학파, 세네카 등에게서 영향을 받았다.

애초부터 신학자가 되고자 한 것은 아니었지만, 하나님의 섭리에 사로잡힌 칼뱅은 성경에서 엄청난 감동과 경외심을 발견하였다. 초대 교부들과 당대 개신교에서 터득한 신학사상을 모아서 개신교의 교과서, 『기독교강요』를 출판했다. 라틴어로 1536년에 초판을 냈고, 1539년, 1543년, 1550년에 증보판을, 1559년 다섯 번째 최종판을 출판했다. 프랑스어로는 1541년에 초판을, 1560년에 최종판을 냈는데, '교훈집', '기초 교리서' 등으로 사용되기를 바랐다.[23] 이것이 바로 개혁주의 신학의 교과서가 될 줄은 아무도 몰랐다. 그리고 지금까지 그토록 많은 영향을 미치게 되리라고는 아무도 예상하지 못했다. 칼뱅은 당대 최고의 인문주의 학자였던 데시데라스 에라스무스와 유사한 점이 많지만, 오히려 루터와 츠빙글리, 부서와 피터마터 버미글리 등 당대 종교개혁자들의 저술에서 큰 영향을 받았다. 하지만, 칼뱅은 당대 이 모든 사람의 영향을 뛰어넘었다. '칼뱅주의자들'이 생겨났고, '칼뱅주의'라는 용어가 탄생되었다.

젊고 참신하던 칼뱅은 수많은 기독교적 질문들을 스콜라주의가 아닌 방법론으로 접근하여 구조적이며 체계적으로 제시하고자 하였다. 가장 일관되고 탁월한 방법론을 갖추게 된 것은 순수하게 성경을 근거로 하여서 기독교 신앙의 주요 주제들을 정리하고자 하였다. 루터가 『대·소요리문답』에서 취급했던 십계명, 주기도문, 사도신경, 성례 등에 대한 해석을 근간으로 삼았다. 그러나 사도신경의 내용과 유사하게 삼위일체 하나님에 대해서 체계적인 설명을 구성하였다.[24] 칼뱅의 신학적 배경은 암브로스, 제롬, 아우구스티누스, 그레고리 등 초대교부들이고, 그중에서도 아우구스티누스에 크게 의존하여 무려 1708번이나 인용한다.[25] 칼뱅은 아우구스티누스, 크리소스톰, 터툴리안, 갑바도기아의 초대교부들의 신앙을 물려받았다는 말이다.

칼뱅의 신학사상이 응축된 『기독교 강요』는 지금까지 큰 영향을 끼치고 있는바, 다음 몇 가지로 그 독특성을 요약할 수 있다.

첫째, 성경 본문에 충실한 해설과 계시에만 일관되게 의존하는 집중력.

둘째, 간결 명료한 해석으로 핵심을 진술하는 표현 방법.

셋째, 주제별 핵심사항에 초점을 맞추는 항목별 체계화 작업.

넷째, 당대 현장의 실제적인 문제에 대한 구체적인 조언과 비판.

이상의 중요성 때문에, 칼뱅의 책은 불후의 명저가 되었고, 지금도 녹슬지 않고 빛을 발휘하고 있다. 수많은 종교개혁 신학자 중에서 칼뱅의 신학사상이 지금까지도 영향을 미치고 있는 것은 그가 남긴 교리의 개념이 남달랐기 때문이다. 그는 성경적인 교리와 개혁사상을 제시하였다. 그런데, 성경적인 교리와 생활, 신학사상과 윤리가 따로따로 떨어져서 정립된 것이 아니다. 칼뱅의 저작전집에 "교리doctrina"라는 말이 무려 9,500번이나 나오지만, 그냥 개념적인 논쟁에 해당하는 공허한 진술이 아니다. '교리'와 '적용'이 따로 멀리 떨어지지 않는다.

칼뱅의 신학사상은 일반인에게 하는 설교에도 들어가 있고, 이는 종합적인 문서로 제시된 제네바 신앙 고백서에도 드러난다. 칼뱅의 신앙고백이나, 신조, 신앙의 내용을 설명하는 성경주석에서나 항상 독특한 영향력을 발휘하고 있다. 그 어떤 교리라 하더라도, 하나님을 아는 지식과 인간의 본질을 떠나지 않는다. 그리하여 결국 겸손하고 순종하는 자세로 돌아온다. 이런 면에서 칼뱅의 신학사상에서 대표적인 교리를 예정론이라고 할 수 없다. 이것은 단지, 베자를 비롯하여 후대에 논쟁이 격렬해졌기 때문이며 후대의 학자들이 풀이했을 뿐이다.[26]

세계최고의 지성인들이 수많은 지식을 연구하고 토론해서 쏟아내고 있지만, 평화와 사랑으로 사람을 변화시키지 못하였다. 세계 명문대학교에서 엄청나게 우수한 인재들이 새로운 지식들을 쏟아 내놓고 있지만 인간 사회에는 아직도 평화가 없다. 행복한 사람들이 없다. 인간에게는 자연적인 이성을 주고, 우주 만물을 바라보면서 해석할 수 있도록 하나님의 신성과 능력을 나타내었지만 사람 안에 있는 죄로 인해서 바르게 깨달을 수 있는 능력을 상실하고 말았기 때문이다. 죄악으

로 인해서 어두워진 사람의 심령이 성경에 의해서 빛을 발견
하지 않는 한 결코 본질을 파악할 수 없다. 성령에 의해서 기
록된 진리의 인도를 받지 않는다면 결코 사물의 본질을 파악
할 수 없다.

기독교가 전 세계에 전파될 수 있었던 힘의 원천이자, 오늘
까지 흔들리지 않고 일관되게 복된 소식을 증거할 수 있는 것
은 그 중심에 성경이 있기 때문이다. 성경은 신학과 신앙의
원천이요 뿌리이다. 칼뱅의 신학사상이 오늘날까지 많은 사
람들에게 감동을 주고 있는 것은 그의 책과 설교와 논문과 편
지 속에는 항상 성경적인 진리가 들어 있기 때문이다. 칼뱅은
'성경의 신학자'였고, '성경 주석의 왕'이었다.

1
성경에 기초하는 신학

칼뱅은 하나님에 대한 지식은 오직 성경에서만 찾을 수 있

다고 역설하였다. 하나님의 메시지가 사람의 언어로 형상화된 것으로 확신했다. 16세기 개신교 교회에서는 성경만이 하나님의 영감으로 기록된 책이요, 신적인 권위가 있음을 확고히 정립하였다. 그 이유는 로마 가톨릭에서는 성경과 함께 교회의 전통을 높이 취급하고 있었기 때문이다. 이런 차이 때문에 종교개혁자들은 전통이 아니라, 오직 성경에서만 진리의 근거를 발견하고자 노력했고, 이와 같은 흐름을 이어받아서 칼뱅의 신학사상들이 먼저 성경적으로 어떤 내용을 가르치고 있느냐를 논의하면서 정립되었다. 각 주제에 대해서 성경이 무엇을 가르치느냐를 중점으로 정리하였기에 오늘날까지도 칼뱅의 신학이 강력한 영향을 발휘하게 된 이유이기도 하다.

칼뱅은 오직 성경만을 토대로 교회에서는 설교를 하고, 신학대학에서는 강의를 했다. 그는 거의 모든 성경에 대한 해설을 출판했으며, 수많은 설교 역시 기록되어서 남겨졌다. 한 성경 구절을 두 가지 형태로 풀이한 것이다. 한 구절 한 구절 근본 뜻을 밝히는 데 최선을 다해서 연구하고 생각하고 기도하고 씨름했다. 칼뱅은 구약과 신약 성경만이 하나님의 말씀이

기록된 것이라고 철저하게 신뢰하였기 때문이다. 그는 성경만이 하나님의 존재에 대해서, 하나님의 사역에 대해서 분명히 밝혀주고 있다고 확신하였다.

왜 성경이 필요한가? 하나님은 인간이 가까이 다가설 수 없는 신비로운 존재이다. 하나님은 초월적인 존재이다. 하나님께서는 인간을 초월하여 존재하시는데, 하늘과 땅이 서로 차이가 나는 것보다 더 크게 벌여져 있다. 인간은 하나님에 대한 지식을 온전하게 가질 수 없다. 이 말은 하나님께서 항상 침묵하신다는 말은 아니다. 복음의 기쁜 소식을 들은 자들에게는 하나님께서 우리를 위해서 일하고 계신다는 안도감을 얻으며, 그리스도 예수께서 우리와 함께하시고, 성령이 우리 가운데서 사역을 하고 있음을 확신할 수 있다. 사람이 가진 지식은 유한하고 제한적이다. 그래서 사도 바울은 고린도 교회에 제한성과 임시적인 성격을 가르친 바 있다. "지금은 우리가 거울을 보는 것같이 희미하나, 그때에는 얼굴과 얼굴을 보는 것같이 될 것이다. 지금은 부분적으로 알고 있지만 장차 온전하게 알게 될 것이다." _고전 13장 12절

성경은 오늘날과 같이 66권의 책을 묶어서 한 권의 책으로 출간되었던 것이 아니다. 신구약 성경은 각각 두루마리로 감겨서 보관되어 오고 있었고, 어떤 책이 성경으로 인정을 받아야 하는가에 대해서는 논쟁이 많았다. 루터가 히브리서, 야고보서, 유다서와 요한 계시록은 다른 성경에 비교해 볼 때에 동일하게 영감을 받은 책으로 볼 수 없다고 주장했는데, 그때까지도 성경의 영적인 권위를 놓고서 여전히 논쟁이 있었음을 알 수 있다. 이런 논쟁이 어느 정도 종결된 것은 16세기 후반이었는데, 개신교에서는 로마 가톨릭에서 받아들인 묵시적인 책들은 정경으로 받아들이지 않았다.

1439년 독일에서 은세공업자 요한네스 구텐베르크가 인쇄술을 고안하여 대량으로 책을 출판하면서 지식인들의 세계에 혁명적인 변화가 왔다. 성경이 보급되었고, 대학 교육을 받은 일반인들도 고전어를 배워서 성경을 읽을 수 있게 되었다. 중세시대에 성경을 참고하지 않고 개최된 종교회의나 심지어 교황을 능가하는 평신도들의 시대가 열리게 되었던 것이다.

2
성경은 스스로 입증한다

성경이 먼저냐 교회가 먼저냐를 놓고서 물어보면 그 해답은 간단해진다. 개신교 측에서는 성경이 우선적인 권위를 가진다. 그러나 로마 가톨릭 교회는 오랫동안 상하구조의 집단조직으로 내부적인 일체성과 통일성을 유지해 왔었고, 그사이에 세워진 교회의 전통을 중요하게 취급하여 왔다.

그런데 칼뱅이 성경의 권위를 설명하는 부분을 살펴보면 좀 더 다른 이유가 담겨 있음을 알 수 있다. 성경이 우선적인 이유는 무엇보다도 교회의 탄생에 대한 역사가 그 성경에 담겨 있기 때문이다「기독교강요」I.xiii.7. 성경은 교회 안에서 성령의 권위를 행사하기 때문에 우리에게 권위가 있다. 더구나 우리가 어떻게 성령의 음성을 들을 수 있는가? 성령이 말씀을 증거하면서 증언하기에 우리는 알게 된다. 칼뱅은 성령의 역사가 없다면 성경은 죽은 문서나 다를 바 없다고 말한다. 성경 말씀이 살아 있게 되려면 성령의 역사가 필수적이다. 그리하여 칼뱅은 성경과 성령이 함께 동시에 역사한다는 점을 매우 강조하였다.

성경은 계시를 기록한 책이다. 하나님이 자신을 보여서 밝혀주신 계시는 세 가지 형태로 요약된다.

첫째는 하나님께서 친히 사람의 모양으로 나타나신 예수 그리스도 자신이다. 그리스도는 하나님의 충만하고도 완벽한 계시이다. 둘째는 하나님의 말씀이 기록된 성경 책이다. 성경은 그리스도에 대한 유일한 증언이요 가장 권위 있는 말씀이다. 셋째는 하나님의 말씀을 선포하는 것이다. 교회는 지속적으로 하나님의 은혜를 선포하고 발표한다. 하나님 말씀의 복된 소식이 새롭게 전달된다. 루터는 기록된 말씀에 위배되지 않는 한, 증거되는 말씀도 동일하게 하나님의 말씀이라고 설교의 기능과 역할을 강조하였다.

칼뱅은 구약성경과 신약성경의 일관성이 성경의 권위를 증거한다고 보았다. 구약성경은 유대인들의 역사기록과 함께 율법을 가르치는 부분이 많다. 신약성경은 예수 그리스도의 사역과 가르침을 중심으로 하여 나타나는 은혜가 핵심이다. 그러나 칼뱅은 일부 신학자들이 구약과 신약을 대립적으로 설명하는 데 반대하였다. 두 성경에는 하나님의 긍휼하심과 은총이 모두 다 핵심을 이루고 있다고 보았다. 다만 차이점은 그 질적인 부분이 아니라, 설명의 명료성에서 차이가 있을 뿐이라고 하였다.

구약성경의 시대에도 성도들은 하나님의 은총과 언약을 기대하면서 율법에 따른 행동을 엄격하게 제한받았다. 선지자, 왕, 제사장과 같은 기름부음을 받은 종에 대해서 언급하면서 그와 같은 형태의 지도자가 올 것임을 바라보았다. 하지만, 신약성경에서 예수 그리스도는 하나님의 최고 계시자로서, 구약시대에 특별하게 기름을 부어서 선택한 제사장, 선지자, 왕의 직분과 역할을 모두 다 감당하셨다. 칼뱅은 구약시대의 유대인들도 그들의 중보자 예수 그리스도에 대해서, 그들 시대의 방법에 따라서, 이미 알았다고 보았다.

16세기에 살았던 칼뱅이 오늘날에 문제가 되고 있는 성경의 무오성에 대해서 해답을 제공할 처지에 있지는 않다. 성경 무오성에 대한 논쟁은 성경도 한 권의 기록된 문서이자, 사람의 산물이라고 판단하는 관점이 나오면서 역사적 비평, 문헌적 비평을 제기한 사람들이 18세기에 시작한 논쟁들이다. 기독교 초기문서들과 초대교회 시대 교부들의 글을 그대로 물려받아서 폭넓게 읽고 공부했던 칼뱅은 성경 기록자들의 제한성과 불완전함을 누구보다도 잘 알고 있었다. 성경의 원본을 가지고 있지 않기 때문에, 여러 세대를 걸쳐서 전달되어 온 필사본들 속에 기록상의 오류를 발견할 수도 있을 것이다.

하나님의 메시지를 인간의 언어로 담아낼 때에 어떻게 오류가 없이 전달할 수 있을 것인가에 대해서는 아직도 그 누구도 시원하게 해결할 수 없는 부분이 남아 있다. 칼뱅의 해설에서 눈에 띄게 드러나는 것은 성경이라는 책은 "스스로 신적인 저작권을 입증한다"고 강조하는 부분이다. 그 누구에게 검증을 받아서 비로소 하나님의 말씀으로 객관성을 증명하게 되는 책과는 다르다는 것이다. 참으로 놀라운 변증이다. 성경은 교회가 판단할 성격의 책이 아니라는 의미가 담겨 있다. 혹은 어떤 권위가 있는 학자가 나서서 증거하거나 어떤 연구소나 대학에서 증거하여야만 된다는 것도 아니다. 성경을 통해서 말씀하는 분은 하나님 자신이다. 하나님 자신만이 스스로에 대해서 증거하는 가장 합당한 증거자이다.

성경은 하나님 스스로를 드러낸 책이다. 하나님께서 스스로 저자임을 입증하고 계시다. 인간의 저작자들이 참여한 저술이긴 하지만 주체는 하나님이다. 따라서 사람의 학문이나 판단에 좌우될 책이 아니다. 사람의 평가에 맡겨놓지 않으셨다. 성경은 하나님의 성품, 인간을 위해서 일하시는 하나님의 의도, 하나님의 윤리적 기준과 도덕적 원칙, 세계의 구원을 위한 하나님의 계획들을 알려주는 책이다.

성경의 작용은 성령의 내적인 조명에 의해서 확증된다는 점을 칼뱅은 강조한다. 성경의 구절들이 어떻게 역동적으로 영향을 주는가? 성경의 능력이 입증되고 나타나게 되는 것은 그 해석과 설명에 있어서 성령의 능력이 살아서 역사하기 때문이다. 말씀이 살아 있게 되는 이유이다. 성령이 말씀의 참된 의미에 대해서 증거한다. 물론 이런 경우에도 성경의 말씀을 밝혀주기 위해서 새로운 성령의 역사를 항상 추구하고 간구해야 한다. 한번 해석한 것이 영원히 맞다는 법이 없기 때문이다. 교회의 생명력에 있어서 성경은 다양한 방법으로 말하고 있다.

3
성경은 지식의 원천이다

"오직 성경으로만!"이라는 표어는 개혁교회의 신앙과 행위의 표준은 오직 성경이라는 것이다. 이것은 성경의 권위를 가장 높게 두고, 가장 우선적으로 삼는다는 강조이다. 칼뱅은 어느 곳에서도 진리의 문제는 성경에서만 찾아야 한다고 강조했다. 그의 저서에는 성경 이외에서도 많은 참고를 해서, 천여 명에 달하는 이름들이 나오는데 특히 고대 헬라 철학자들과 로마 시대의 저술들이 언급되어 있다. 그렇지만, 칼뱅은 이런 외적인 참고서적들을 진리의 근거로 제시하는 적은 없었다.

하나님을 믿는 사람과 믿지 않는 사람이 똑같이 하나님을 아는 지식을 가지고 있다고 할 수 없다. 먼저 칼뱅은 하나님을 아는 지식이 두 가지로 주어졌다고 설명한다. 첫째는 창조주로서 하나님을 아는 지식이다. 로마서 1장 19절-20절에 보면, "이는 하나님을 알 만한 것이 그들 속에 보임이라 하나님께서 이를 그들에게 보이셨느니라 창세로부터 그의 보이지 아니하는 것들 곧 그의 영원하신 능력과 신성이 그가 만드신 만물에 분명히 보여 알려졌나니 그러므로 그들이 핑계하지 못할지니라"고 하였다. 자연만물의 신비로움을 목격한 사람들은 장차 하나님을 모른다고 변명할 수 없다. 다만 인간의 죄악된 본성이 이런 지식을 덮어버리고 마치 모르는 체하고 있다는 것이다.

둘째로, 인간이 하나님에 대해서 가져야 할 지식은 구세주라는 사실이다. 이 지식은 오직 성경을 통해서만 알려진 내용으로 성령의 인도하심을 받은 사람이라야 알 수 있다. 창조주 하나님을 아는 지식만으로는 부족하며 아무런 소용이 없다. 반드시 구세주 하나님을 아는 지식을 가져야만 한다. 구세주 하나님을 아는 지식은 성경에 나온 대로 우리를 구원에 이르도록 권능으로 인도하시며, 우리의 필요를 채워주시는 가운데서 보호하심을 믿는 것이다.

하나님께서는 인간에게 두 가지 매우 중요한 능력을 부여하였다. '영원을 아는 감각'과 '양심'이다. 사람은 영적인 감각을 가지고 있어서 내부적으로 신의 존재에 대해서 인지하는 능력이 있다. 칼뱅은 모든 사람에게 이런 기본적인 인식능력이 있다고 믿었다. 모든 사람은 양심을 가지고 있어서 무엇이 옳은지 무엇이 그른지를 스스로 판단할 수 있다. 전 세계 사람들이 공통적으로 도덕적인 능력을 가지고 있다는 것은 하나님의 형상으로 창조된 인간의 공통점이다. 하나님의 존재와 심판에 대한 인식을 할 수 있는 것은 바로 우리의 양심이 있기 때문이다.

만일 아담의 원죄가 영향을 발휘하지 않았더라면, 신성을 인식하는 능력과 양심으로 인해서 모든 사람이 하나님을 알 수 있었을 것이다. 영원을 알 수 있는 신앙적인 능력과 각각의 사람 속에 있는 도덕성은 하나님을 모른다고 핑계하는 불신자들 속에서 작동하고 있기 때문에 결코 그들을 그냥 버려두지 않을 것이다. 그러나 이것이 문제의 종결은 아니다. 이 두 가지 본성은 믿는 사람이나 믿지 않는 사람에게나 똑같이 작동하고 있는데, 양심은 모든 사람에게 작동하고 있기 때문에 매우 중요하다. 로마 가톨릭 교회는 양심의 문제를 민감하게 다루지 않아서 문제가 더 심각해졌다고 칼뱅은 판단하였다.

이와 같이 매우 중요한 문제를 성경에서 파악하기 때문에 성경은 영적인 지식을 제공해 주는 원천이다. 동시에 복음의 진리에 의해서 인간은 양심적으로 자극을 받고 지도를 받는다. 성경과 사람의 양심을 제외하고 하나님을 아는 지식을 전해주는 자료가 또 있다고 칼뱅은 지적하였다. 그것은 자연만물을 통해서 주어진다. 그 안에는 단순히 과학적인 지식만이 아니라 인간의 심정에서 나오는 인문과학과 예술들, 현장의 표현으로 나타나는 예술과 학문들이다. 그런 지식들은 하나님의 계획에 따라서 역사를 지도해 나가는 섭리적인 인도하심을 입증하는 증거물들이다.

간단히 말하자면, 사람이 바라보는 어느 쪽이든지, 내면적으로 하나님의 존재하심에 대한 인식이든지 무엇이 옳은지 그른지에 대한 양심적인 인식이든지, 외면적으로 자연만물 가운데서, 인간역사 속에서, 교육, 예술 등에서든지, 하나님의 임재와 권능을 발견하게 된다. 이런 요소들이 모든 사람은 하나님이 존재하심에 대해서 알고 있다는 적합한 근거가 된다는 확신을 칼뱅에게 주었다. 정작 진정한 질문은 과연 사람들이 알고 있는 하나님이란 어떤 종류의 신이라고 하는 것인가이다. 인간을 도와주는 하나님인가, 인간에게 저항하고 대항하는 신인가? 능동적인 신인가 아니면 수동적인 신인가? 친절

한 신인가 아니면 복수하는 신인가? 은총이 있는가 아니면 무관심한가? 변화하는가 아니면 불변한가, 현장에 임재하는가 아니면 저 멀리 떨어져 있는 신인가? 우리가 눈물로 부르짖으면 우리에게 들어주는 분인가?

이런 질문들에 대해서 답을 발견하려면 어디서 무엇을 통해서 알 수 있을까? 우리가 경배하고 봉사하는 하나님은 어떤 분인가에 대해서 성경 가운데 자신을 증거하였기에 그것으로 돌아가야만 하는 것이다. 성경에서 우리는 상처를 안고 부르짖는 자들에게 들어주시는 하나님을 배우게 되며, 하나님의 백성들이 고통을 당하는 현장에 함께하는 분임을 알게 되는 것이다.

4
성경이 16세기를 완전히 바꿔놓다

중세 시대는 성경이 전혀 일반 성도들에게 보급되지 않았던 시대였다. 물론, 함부로 해석하거나 보관하지도 못하도록 로마 가톨릭교회에서 금지시켰다. 성경을 모국어로 번역한 사람들, 영국의 위클리프와 틴데일, 보헤미아의 후스 등은 모두 이단으로 처형되었다. 성경의 해석을 제공한다는 것은 로마 가톨릭 권세에 대항한다는 뜻이요, 그 효과는 유럽 문화 전체를 다스려오던 중세말기 교회의 뿌리에다가 도끼를 대는 일이었다. 새로운 해석과 사상은 유럽의 근본을 무너뜨리는 일이었다. 주교들이 미사를 집례해서 하나님의 구원이 주어진다고 믿던 사회에 살던 사람들에게 성경에는 그런 내용이 없다는 반론을 제기하자 혁명과 같은 엄청난 반응이 일어났던 것이다. 그런 문화에 기본적인 도전이 일어났다면, 그다음에는 어떤 것들이 더 추가적으로 전복을 당할 것인가는 초미의 관심사였다.

오늘날에는 성경의 권위를 주장하는 매우 복음적이고, 보수적인 설교자들이 많은 영향력을 행사하고 있다. 과학이나 문화에서 주장하는 증거들과는 달리, 성경적인 가르침만이 진리라고 선포하고 있다. 그러나 16세기에는 성경의 권위를 주장하는 것은 그 시대의 풍조에서 가장 권위 있는 교회의 전통을 뒤집어버리는 행동이었다.

우리가 더 생각해야 할 또 하나의 사회적 환경은 칼뱅의 시대와 근본적으로 신앙의 문제를 취급하는 분위기이다. 16세기에 기독교 신앙은 공적인 것이요, 국가적인 관심사였으며, 그 누구도 관련되지 않은 사람이 없었다. 지금은 신앙을 매우 개인적인 차원으로 생각하고 누구나 자유롭게 발표하고 주장하므로 더 이상 국가적인 관심이나 공적인 무게를 지닌 내용이 아니라고 생각한다. 그러나 16세기에는 성경적인 해석은 공적인 중요성을 가지고 있었다. 기독교적인 결정이 국가 전체의 질서에 직접적인 영향을 끼치던 시대였다.

대부분 중요한 유럽 각국의 군주들은 성경적인 복음이 선포되자 즉각적으로 반응을 보였고, 가톨릭 군주의 통치를 거부하는 자들로 간주하여 강력한 핍박을 시행하였다. 제네바와 스트라스부르와 바젤 등은 보다 신앙적인 주제들에 대해서 보다 자유롭게 용납하고 있었으므로 많은 난민들이 몰려들었다.

성경을 해석하고 의미를 설명하는 일은 단순한 학문이 아니다. 성경은 다양한 문화와 역사를 포함하고 있으며, 많은 신학적인 성찰을 거듭하면서 교리를 세우게 된다. 더구나 물리학, 원자력 파워, 경제학, 우주여행, 컴퓨터 공학, 심리학, 인간의 본성 등을 종합적으로 검토하면서 해석해야 할 여지를 가지고 있다. 성경해석은 더 발전되고 심화될 여지를 남기고 있는 것이다. 칼뱅의 시대는 이런 새로운 안목을 발견하게 되는 기본 자료들이 획기적으로 제시되었다. 먼저 성경의 원어인 히브리어와 헬라어가 널리 알려졌다. 수많은 인재들이 성경을 번역하고 해석하는 능력을 갖추게 되었다.

칼뱅과 같이 철저하게 언어적인 훈련을 받은 성경학자가 나타나면서 살아계신 하나님을 인식하는 일은 성경을 통해서 훨씬 더 정확하게 소개되고, 기독교 신앙의 문제들에 대해서 지침을 발견할 수 있게 되었으며, 실제적으로 성경의 정신을 구현하는 길을 발견하게 되었다. 성경을 오용하고 남용하는 일이 발생했던 중세말기의 상황이 큰 도전을 받자 더 이상 지난날의 권위와 전통만을 자랑할 수 없게 되었다. 성경적으로 용납될 수 없는 목적을 가지고 권세를 주장하던 체제가 대변혁을 피할 수 없게 되었던 것이다. 개혁주의 교회는 지금도 매주일 성경을 읽고 해석하며, 지속적으로 성경에 관련된 사

역에 집중하고 있다. 성경에 소개된 하나님의 사역과 인격에
대해서 연구하는 일은 본질적으로 역동적인 작업이다.

세창사상가산책 | JEAN CALVIN

3

하나님의 다스리심과 은총

기독교 신학은 하나님을 다루는 학문이다. 오랫동안 서양 신학자들은 무엇보다도 먼저 하나님의 존재를 인간의 이성으로 증명하거나 설명하려고 했다. 존재론이 먼저 정립되면, 인식론이 세워지는 구조였다. 하지만, 이런 철학적인 논리체계의 방법으로는 하나님에 대한 지식을 세우거나 판단하기란 불가능하다. 서양 신학자들은 먼저 헬라철학을 주로 공부하였고, 대부분의 서구 철학자들이 제시해 놓은 개념과 관념에 영향을 입었기 때문이다.

반면에, 칼뱅의 신학에서는 분명하게 다른 점이 발견된다. 칼뱅은 하나님의 존재를 증명하려 하거나, 논증하려 하지 않는다. 신 존재증명과 같은 주제에 몰입하지 않는다. 존재론적 논증을 먼저 하는 것은 13세기에 토마스 아퀴나스가 아리스토텔레스의 철학을 받아들여서 체계화했던 스콜라 신학에서다. 신의 존재증명을 시도했던 이유는 헬라철학이 서방 라틴계 신학의 형성에 엄청난 영향을 끼치고 있었기 때문이다. 그러나 다시 말하지만, 칼뱅은 철학적인 개념논쟁에 빠진 게으른 회의주의자들이나 철학자들을 단호히 거부하였다. 도리어 칼뱅은 하나님의 성품과 특성을 단순하게 제시하면서 사람들에게 위로를 삼으라고 권고한다.

우리는 칼뱅에게서 세계관과 인생관을 포함하는 전체적인 기독교 사상을 체계적으로 공부하고 배우게 된다. 칼뱅은 개신교 신학자들 가운데 최초로 가장 탁월하게 종합적인 전망을 제시하였다.

칼뱅은 당대 신학자들과 아주 다른 체계를 제시했다. 그는 13세기에 정립되어서 중세기 로마 교회의 절정기에 큰 영향을 발휘했었던 스콜라주의를 완전히 무시해버렸다. 종교개혁을 통해서 다소 수정은 되었지만 지금까지도 로마 가톨릭에서 따르고 있는 토마스 아퀴나스와 칼뱅의 신학이 크게 다른 점은 결정적인 신학의 논리체계에 있다. 아퀴나스는 하나님을 취급하는 데 있어서 철학적인 설득력과 이해를 시도하였다. 아퀴나스는 아리스토텔레스의 논리학을 무비판적으로 채택했기 때문에, 기독교와 헬라철학이 혼합되고 말았다. 그러나 칼뱅은 단순하게 성경을 따라서 설명하고 풀이하려 했고, 철학에 의존하려 하지 않았다. 지식을 다루는 근거가 전혀 달랐다. 칼뱅의 신학사상은 단순히 교회 내부의 규칙이나 직분자들을 새롭게 세우고, 약간 수정하는 것으로 그치지 않았다.

칼뱅은 우리가 확신해야 할 지식이란 오직 성경 안에서만 찾아야 하며, 오직 하나님 자신으로부터 나온 계시에 의지해야 할 것을 주장하였다. 칼뱅 후에 나온 신학자들은 독일 철학자 칸트와 헤겔의 영향을 받아서 또 다시 진리체계를 재구성하려 하였다. 칼뱅은 일찍이 지적인 정직함을 추구하고자 오직 성경에만 집중하면서 철학적인 의구심과 회의적인 철학을 수단으로 삼지 않았다. 르네상스 후기에 법학을 공부하였던 칼뱅이 인식론적으로 극복하고자 노력했던 것은 하나님의 세계를 알려고 한다면 오직 하나님의 방법으로만 다가서야 한다는 것이다.

우리가 칼뱅의 신학에서 가장 눈에 띄게 접하는 것은 하나님을 아는 지식을 신학의 출발점으로 삼았다는 점이다. 하나님을 아는 지식은 자연적인 이성을 가진 인간으로서는 가질 수 없다는 것이 칼뱅의 신학적 해답이다. 오직 사람이 알 수 있는 것이란 하나님께서 은총을 베풀고, 사람을 불쌍히 여기는 일을 하고 계신 분이라는 것뿐이다. 이것이 칼뱅의 핵심적인 주제이다. 딱딱하고 어렵게 느껴지는 하나님의 주권이라는 교리보다도 더 중요한 개념이다. 하나님께서는 자비로운 분이라는 것을 그저 믿고서 나에게 주는 은혜만을 받고서 끝내는 것이 아니라, 동시에 우리 인간도 그런 하나님의 부르심을 받았으므로 하나님을 닮아서 선하게 행동해야만 한다. 인간 사회의 죄악에 대해서 탄식하는 하나님을 알게 된다면, 우리도 역시 상처받은 다른 사람들의 눈물과 울부짖음에 대해서 함께하는 동정심을 가져야만 하는 것이다. 흔히 종교개혁자들이 은총의 교리를 재발견했다고 말하는데, 그저 그런 개념적인 재편성으로 끝났던 것이 아니라, 그러므로 기독교인들의 생활이 달라졌던 것이다.

수많은 설교와 성경 해석에서 칼뱅은 하나님의 은총에 대한 보답으로 다른 사람에게 긍휼함을 보여야만 한다고 역설하였다. 인간은 하나님의 형상으로 지음을 받았으니, 이웃 사람에게 폭력을 행사하는 것은 하나님 자신의 형상에 대해서 도전하는 것이라고 하였다. 예를 들면, 창세기 9장 6,7절을 해설하면서, 하나님께서는 살인을 금지하고 있는데 그 이유는 사람이 바로 하나님의 형상을 품고 있는 존재이기 때문이다. 그래서 칼뱅은 대담하게 "형제나 자매에게 손상을 입히는 것은 하나님에게 상처를 주는 것과 동일하다"고 외쳤다.

1
하나님을 어떻게 알 수 있는가?

기독교 신학에서도 결국 사람의 본질이 무엇이냐, 인생이란 무엇이냐, 과연 인간이란 어떤 존재이냐를 묻는 질문을 가지고 시작한다. 다만 그 전제가 성경적으로 전개되어야 한다고 생각한 점이 칼뱅과 다른 신학자들과의 차이점이다. 칼뱅은 그의 명저, 『기독교강요』의 첫 문장에서 다음과 같은 말로 시작한다. "우리가 가진 참된 지식, 즉 가장 참되고 확실한 지혜란, 하나님을 아는 지식과 우리 자신을 아는 지식, 이 두 가지로 구성되어 있다"『기독교강요』 I.i.1. 하나님을 아는 지식과 우리 자신을 아는 지식이 긴밀하게 연결되어 있다는 것이다. 인간의 지식이라는 것이 무궁무진한데, 하나님과 연결되어 있지 않으면 다 근거가 없는 헛된 지식이 되고 만다. 인간의 참된 본질에 대해서 파악하려면 하나님과의 연관성이 있어야만 가능하다. 하나님을 아는 지식이 있어야만 우리 인간이 무엇이냐를 아는 능력이 주어진다는 뜻이다. 칼뱅은 하나님과 인간의 긴밀성을 제시함으로써, 그저 학문적인 논의에 그치던 토마스 아퀴나스의 신존재 증명이나 철학적인 참구를 과감히 벗어나 버렸다.

하나님과 가까운 관련성을 맺고 있는 인간이라 하더라도, 대량학살이나 전쟁이나 비극적인 불의, 부정한 독재나 축재가 계속되고 있다. 그것은 어떻게 설명할 수 있나? 실제 세상에서는 불의와 불공평이 판을 친다. 야비하게 권세자들과 재벌들에게 아첨이나 하는 자들은 마냥 잘 살아가고, 세력자들에게 뇌물이나 주면서 매관매직하는 자들은 높은 자리를 차지하기도 한다. 의로운 자들은 고난을 당하고 불의한 자들이 권세를 장악하는 일이 많으며 더 잘살고 더 높은 자리에서 떵떵거리고 있다. 대학교에서도 실력 없는 교수들이 총장자리를 먼저 차지하기도 하고, 사회에서는 능력이 조금 모자라는 자들이 먼저 높은 자리에 올라가기도 한다.

구약성경 하박국 1장 2절과 2장 6절에서도, 하나님의 존재와 통치에 대한 질문과 호소가 끊이지 않는다. "하나님 얼마나 더 오래 기다려야 하나이까? 하나님이 살아계신다면 어찌해서 악한 자가 의로운 자를 짓밟고 있나요?" 하나님께서는 기적적인 방법으로, 초자연적인 재난이나 징벌로 얼마든지 간섭하는 분이다. 그런데, 성경에서는 사람들이 탄식하는 것과 동일하게 하나님도 우리를 위해서 눈물과 통곡과 탄식으로 함께하신다는 것을 발견하게 된다. 하나님도 피눈물을 흘리는 우리를 위해서 통탄하면서 인자하게 기다리고 계신다는 사실이다. 마치 부모가 자식들의 실패와 아픔과 질병을 같이 감당하는 것과 같다.

결국, 칼뱅이 제시한 것은 사람과 함께하는 하나님, 임재하는 하나님이다. 하나님은 우리의 고통스러운 순간들 속에 같이 계신다. 우리가 울면서 간구하고 부르짖을 때에, 하나님께서도 우리를 위해서 부르짖으신다. 동정심을 가지고 계시며, 반응하는 분이다. 무작정 하나님의 뜻과 예정대로 끌고 가는 하나님이 아니다. 많은 사람들은 칼뱅의 예정론을 잘못 곡해하고 있으며, 인간의 의지를 무시하고 오직 하나님의 절대주권만을 강조했다고 해석하는데 이것은 일부 측면을 크게 과장한 것이다. 칼뱅의 예정론, 섭리론, 그리고 그 외에 다른 교리들은 얼마나 더 기다려야 합니까라고 부르짖는 인간들을 향해서 하나님께서 내려 주는 위로와 확신의 메시지에 해당하는 것이다.

칼뱅에게 하나님은 '어떤 개념'이 아니다. 결코 이런 관점을 놓치지 말아야만 한다. 하나님은 인격적이요, 열정적이며, 반응을 하시는 '어떤 분'이다. 그래서 그냥 하나님이 저 높은 곳에 계시다는 것을 믿는다는 것만으로는 충분하지 않다는 말이다. 다른 말로 하자면, 하나님을 믿는다는 것은 우리를 향한 하나님의 성품들을 알게 된다는 것이다. 하나님의 자비하심 안에서 신뢰하고 의존하는 확신을 가진다는 것이다.

하나님을 믿는 믿음을 가진다는 것은 "성령에 의해서 계시된 바와 같이, 그리스도 안에서 우리를 향하신 하나님의 자비하심에 대해서 확실하고 견고한 지식"이다『기독교강요』 III.ii.7. 하나님의 자비하심이란 인간이 알아야 할 하나님에 대한 지식

가운데서도 칼뱅이 강조하는 핵심 주제가 된다. 자비하심은 선한 것이요, 친근하고도 다정하게 일을 처리해 나가는 성품을 강조하는 말이며, 불쌍하게 여기는 하나님의 모든 행동과 결정의 근거가 된다.

2
세 위격을 가진 한 분 하나님The Triune God

기독교의 하나님은 다른 종교에서 가르치는 것과 달리, 유일하신 하나님이라고 알려져 있다. "나 외에 다른 신이 없다"고 하나님이 자신을 계시한 책, 성경에 자세히 밝혀주셨고, 알려주셨다. 먼저는 오랜 세월 동안 유대인들이 가졌던 유일한 하나님에 대한 믿음을 근거로 하여서 점차 밝혀 드러낸 것이 유일신관이다. 하나님은 한 분이라는 사실은 점차 인류의 구원역사에서 사람을 위해서 일하는 하나님의 본성과 함께 더 자세히 알려졌다.

인간의 구원을 위해서 일하는 하나님은 성부, 성자, 성령의 세 위격을 가지신 한 분 하나님이다. 어떤 사람들은 기독교에서 신앙의 대상으로 믿고 있는 삼위일체 되신 하나님을 알기가 어렵다고 말한다. 그래서 불가지론에 빠진 사람들이 있다. 어떤 이들은 오직 유대인의 족장시대에 믿었던 부족신앙에서 나온 것이라 하면서 받아들이지 않는 경우도 많다. 성경에 기록된 하나님은 누구인가? 한 분 하나님이면서 동시에 성부, 성자, 성령의 세 위격을 가지고 인류의 구원을 위해서 일하신다. 그 하나님께서 사람의 수용성과 조건에 맞춰주고자 성령의 권능 가운데서 인간의 몸을 입고 성자께서 친히 오셨다.

칼뱅은 인간의 지적인 능력이나 수준으로는 하나님의 순수한 본질을 이해할 수 없다고 보았다. 사람의 인식능력과 지식적인 기능이 하나님의 존재를 알 수 없으므로 신적인 본질을 떠나서 인간의 낮은 단계로 찾아온 것이다. 하나님은 인간이 수용할 수 있는 수준으로 낮춰서 사람의 모양으로 온 것이다. 인간이 이해할 수 있는 수준으로 낮춰주신 것을 매우 중요하게 생각해야 한다. 하나님은 인간적인 방법들을 통해서 자신을 계시한다. 하나님의 본질은 인간의 언어를 초월하지만, 인간이 이해할 수 있는 방법이 오직 언어를 통해서 가능하므로 자신을 계시하였다.

따라서 삼위일체의 하나님은 구원의 은혜를 베푸는 사역 가운데서 우리가 이해해야만 하는 하나님의 복합성을 드러낸다. 첫째로 성부 하나님은 예수 그리스도께서 "아바 아버지" 막 14:36, 롬 8:15, 갈 4:6라고 부르짖었던 것을 통해서 알려졌다. 성부 하나님은 선한 분이다. 칼뱅은 우리가 하나님 아버지의 보호와 돌보심을 확신할 수 있다고 강조한다. 마치 우리 육신의 아버지가 자식들을 돌보면서 기르는 것을 기억하라고 칼뱅은 촉구한다. 물론 칼뱅은 하나님이 남성명사로 사용되지만, 우리가 하나님의 본질을 알 수 없으므로, 남성이나 여성처럼 인간의 생식적인 성과는 무관하다고 보았다. 하나님의 이미지 가운데서 어머니의 사랑처럼 기억되는 부분도 있음에 대해서 칼뱅이 설명한 바도 있다. 욥기에 그리고 이사야서에 보면, 하나님에 대해서 설명해 놓은 부분들은 마치 어머니처럼, 간호사처럼 부드러운 돌봄이 담겨 있다는 것이다. 우리는 모두 하나님의 자녀들이므로, 우리의 거룩하신 하나님이 아버지와 같이 어머니와 같이 돌보아 주신다.

둘째로, 성부 하나님의 돌보아주는 것은 성자 예수 그리스도를 이해하는 데 있어서 근본이 되는데, 우리가 성자 예수 그리스도와 연합하게 한 것이다. 예수 그리스도와의 연합은 칼뱅의 신학에서 가장 중요한 개념으로 자리하고 있다. 사람이 예수 그리스도와 연결이 가능하게 하려고 성자께서 사람의 몸을 입고 인간으로 오셨다요 1:14. 그리스도 안에서 하나님이 사람과 같이 되었고, 우리와 완벽하게 하나가 되었다. 그래서 사람들에게 문제가 되기도 한다. 어떻게 인간으로 오셨는데 성자가 성부 하나님과 동일한 본질을 가지느냐고 했던 것이다. 아리우스가 의문을 제기했던 바로 그 내용을 주후 325년 니케야 종교회의에서 배제시켰는데 이 결정을 칼뱅도 지지한다.

예수 그리스도 안에서 우리는 완벽하고 참된 하나님으로부터 오신 참된 하나님을 만나게 된다. 예수 그리스도는 하나님의 충만하심이요, 가장 완벽한 계시이다. 예수 그리스도 안에서 하나님은 자신을 우리와 동일하게 하면서도, 완벽한 인간이 되어 나눈다. 하나님이 먼저 스스로 이런 일을 주도하고 자신을 인간에게 주신 것이다.

셋째로, 성령 하나님의 권능이 우리 사람들의 마음과 영혼 속에서 역사한다. 성령이 우리 가운데서 믿음을 불러일으킨다. 하나님의 자녀로서 우리가 받아들여지도록 재창조하신다. 예수 그리스도의 형상과 아름다움에 연합되게 하신다. 성령은 양자가 되게 하는 영이라는 것을 칼뱅은 특별히 강조하였다. 성경에 자주 나오는 표현은 아니지만, 칼뱅은 성령께서 양자의 영을 불어넣어서 우리가 하나님의 자녀가 되었다는 것을 매우 중요한 가르침이라고 주장하였다롬 8:15, 23, 9:4, 갈 4:5, 엡 1:5. 양자가 되는 것은 우리 인간의 어떤 노력이나 바람으로 가능한 것이 아니다. 성령을 선물로 주는 하나님의 은혜로운 사랑에 의해서만 가능하다. 하나님은 우리 인간을 자신의 자녀로 양자 삼았다. 양자를 삼는 것은 오직 하나님의 전폭적인 사랑에서 나온 것이다. 하나님께서 값없이 선물로 주신 믿음으로 인간이 반응을 하고 있지만, 사실은 먼저 우리가 하나님께 순종하며 영광을 돌리는 것은 먼저 받은 사랑에 대해서 감사하는 것이다. 칼뱅은 성령을 강조한 신학자요, 중세 로마 가톨릭 교회가 망쳐놓은 구원론에서 성령의 위치를 회복시킨 신학을 제시하였기에, '성령의 신학자'라고 불리고 있다.

우리가 울고 있을 때에, 우리는 예수 그리스도 안에서 인간과 같이 되신 하나님, 그리고 성령의 권능 가운데서 우리의 고통을 건져주고자 하는 하나님께서 우리와 함께한다. "이와 같이 성령도 우리의 연약함을 도우시나니 우리는 마땅히 기도할 바를 알지 못하나 오직 성령이 말할 수 없는 탄식으로 우리를 위하여 친히 간구하시느니라"롬 8:26.

3
통치하고, 섭리하고, 돌보는 하나님

하나님은 어떤 일을 하고 계시는가? 성경에 계시된 하나님은 사람을 겁박하고 벌을 내리고 무참히 죽이는 일을 하는 분이 아니다. 무반응과 무감정을 가진 냉정한 신이 아니다. 우리 인간이 자신의 고통을 하나님께 부르짖어 아뢸 때에, 하나님이 아무런 반응을 하지 않는다면 그런 하나님은 소용없을 터이다.

칼뱅은 세상에서 벌어지는 모든 일에 대해서 하나님의 섭리적인 간섭이 있다는 것을 확신하고 굳게 믿었다. 하나님의 섭리는 "주목할 만하고, 효과적이며, 생동력이 넘치는 행동이며, 끊임없이 간섭하는 행동성"을 가지고 있다. 시편 기자가 하나님께서 이스라엘을 보호하고 돌보는 것을 설명하면서 "졸지도 아니하시고 주무시지도 않는다"시 121:4고 하였다. 이와 동일한 표현으로 예수님께서 주신 확신이 있으니, 하나님은 우리의 머리카락 하나라도 다 세고, 하잘것없는 참새의 목숨까지도 관여하고 있다마 10:29-30고 가르쳤다. "공중의 새를 보라 심지도 않고 거두지도 않고 창고에 모아들이지도 아니하되 너희 하늘 아버지께서 기르시나니 너희는 이것들보다 귀하지 아니하냐"마 6:26.

이 세상은 하나님이 창조하였고, 하나님에게 속한 것이다. 세상을 돌아보는 것은 하나님의 간섭이 아니라, 당연한 권리이자 주권에 해당한다. 하나님의 모든 행동은 적합하고, 즉각적이고, 일정하며, 일관성이 있다. 우리 모든 인간은 하나님과의 사이에 관련을 맺고 있으며, 하나님과 무관하게 살 수 없는 존재다.

칼뱅은 하나님이 세상에 대해서 제공하고 지켜 주는 일을 세 가지 영역으로 나누어서 설명하였다. 이것이 칼뱅의 섭리론이라 하여 널리 알려진 유명한 교리가 되었다. 그는 하나님이 섭리하는 내용과 대상을 단 세 가지로 압축하였다.

첫째로, 우주적 섭리가 있는데, 하나님께서 자신이 창조하고, 그 피조물 전체를 간섭하신다. 자연의 질서를 일정하게 집어넣고 모든 피조물을 관리하고 지배하신다. 우리는 낮과 밤의 변화와 조화에 맞추어서 살아가야 한다. 봄, 여름, 가을, 겨울의 계절들이 연속적으로 지나가도록 하신 하나님의 작동을 따라서 살고 있는 것이다. 우리가 음식을 먹으면 그것들이 소화기관을 거쳐서 몸에 에너지를 만들어준다. 이런 모든 육체적인 현상까지를 포함하여 자연적인 진행과정을 만드신 분이 하나님이다. 동시에 거대한 자연세계 안에서 사람이 제한적인 삶을 살아가도록 한 것도 하나님이 하신 일이라고 칼뱅은 생각하였다. 만일 사람이 이런 제약성을 거부하거나 인정하지 않는다면, 주어진 상황과 사건들은 매우 불행하게 해석되고 만다. 뜨거운 태양 빛 아래서 오래 있다면, 얼굴과 피부에 화상을 입는다. 자연의 진행과정을 무시하면 사람에게는 엄청난 피해가 오게 되어 있다. 뱀을 조심하지 않고 독에 접촉 되면 치명상을 입는다. 잠을 자지 않고 오랫동안 수면부족에 시달리다 보면, 몸이 상해서 일어설 수 없도록 망가진다. 이런 모든 일반적인 방법이 하나님이 세상을 통치하는 섭리에 해 당된다.

둘째로, 칼뱅은 역사적인 섭리가 있다고 힘주어서 말한다. 인간의 역사는 하나님께서 일반 사람들 모두에게 주는 일반 계시의 수단이 된다. 그러나, 특별계시인 성경을 떠나서는 인 간의 역사를 제대로 파악할 수 없다.

하나님은 역사 가운데서, 문화 가운데서, 사회의 역동적인 움직임 가운데서 사람의 의지가 작동하도록 함으로써 결국은 하나님의 의도에 따라가도록 하신다. 물론 이 두 번째 섭리의 내용은 매우 복잡하다. 하나님은 독재자가 아니다. 하나님은 야생마를 유순하게 길들이려고 사람들을 조종하는 분이 아니 다. 하나님은 말을 타고 조종하고 이끌고 있는 분이지만, 그분 을 모시고 가는 말이라고 하더라도 자신의 의도와 의지를 전 혀 다 포기하는 것은 아니다. 오히려 하나님은 인간의 자연적 인 결단이나 결정력의 성실함을 인정하고 존중하신다. 하나님의 명령을 따르고자 하는 사람들을 존귀하게 취급하신다. 역사와 문화와 학문 등 인간의 모든 창조적인 행위를 허용하면서, 그 안에서도 하나님의 섭리가 작동하고 있다.

셋째로, 가장 중요한 섭리의 내용은 특별한 섭리라고 말하는바, 신실한 자들을 구원하는 데 초점을 맞추고 있는 하나님의 사역이다. 하나님은 모든 사람을 섭리하지만, 특별하게 구원의 사역을 진행하고 계신다. 칼뱅에 의하면 하나님은 모든 인간을 위해서 일하고 계시지만, 특별하게 믿음을 가진 자들 속에서 성령의 권능으로 임재하고 통치하신다.

물론 이 세 번째 섭리의 영역에서도 우리 인간이 모르는 부분들이 너무나 많다. 하나님은 단순히 세상을 지으시고 자연의 법칙을 통해서 돌아가도록 간섭하시는 것만이 아니라, 세상의 모든 움직임과 기능이 하나님의 뜻대로 움직이도록 섭리하신다. 세계의 모든 사건은 하나님이 지휘하고 있는 것들이다. 여기에 전쟁의 비극들과 비참한 대량학살 등이 포함되어 있는바, 하나님의 섭리를 의심하기보다는 겸허하게 인간의 본성에 대해서 반성해야 할 일이라고 여긴다.

얼마나 광범위하게 하나님의 섭리가 펼쳐진다고 칼뱅은 믿었던가? 칼뱅은 이 세상에서 벌어지는 일들은 절대로 우연히 일어나지 않는다고 확신하였다. 하나님이 항상 관여하신다. "빗방울 하나까지도, 어떤 사람의 말 한마디까지도, 하나님의 뜻에서 벗어날 수 있는 것은 아무것도 없다"고 주장했다. 잘못 확대해석하면, 하나님이 악의 창조자이다는 식으로 무작정 확산될 수 있는데, 그렇게 섭리를 아무데나 연계시키지 않아야 한다. 이 세상에는 지금도 악을 도모하는 자들이 존재하고 있다. 하지만, 이런 악한 자들도 궁극적으로는 하나님에 의해서 조정되고 있기에 섭리를 벗어날 수는 없다.

때로는 칼뱅이 운명론을 믿었다고 주장하는 근거가 되기도 하는데, 운명론은 완전히 다른 사상이다. 사람의 생애가 이미 외부의 무지막지한 권세에 의해서 딱 결정되어버려서 결코 바꿀 수 없다는 것이 운명론이다. 이것은 비극적이요 무신론적 사상이다. 만일 칼뱅이 이런 운명론을 믿었다면, 제네바를 위해서 온 생애를 바쳐서 새로운 갱신과 변화를 시도하려 했겠는가? 하나님의 섭리를 믿고 있던 칼뱅은 이 세상일들 가운데서 인간의 순수한 역할이 작동하고 있음을 확신하였다. 물론 모든 것이 합력하여 하나님의 뜻을 이루게 된다.

칼뱅은 운명론이나 숙명론을 믿지도 않았고, 결정론을 받아들이지도 않았다. 하나님의 섭리 가운데서 인간의 의지가 복잡하게 들어 있다고 보았다. 어느 범위까지는 인간에게 허용된 자유로움이 있어서 도덕적인 기능을 할 수 있지만, 하나님께서는 최종적으로 세상의 모든 일을 통치하고 계신다. 하나님의 섭리를 믿는 자들은 시대의 징조를 분별하는 훈련을 통해서 이 세상에서 하나님이 하고 계신 일들을 바라보아야 한다. 선하신 하나님께서 이 세상일들이 나쁘게 벌어지도록 할 수도 있으며, 착한 사람들에게 악한 일들이 일어날 수 있도록 허용할 수도 있다. 그러나 하나님의 뜻을 훼방할 수는 없다. 심지어 악하고 나쁜 일들이 벌어지고 있을 때에라도 사람들은 바로 그 일 가운데 임재하고 계시며, 뜻하신 바를 이루어가고 계신 하나님을 바라보아야 한다. 하나님의 구원과 구속의 사역은 파괴하는 악행과 죄악의 권세보다 훨씬 더 크고 위대하기 때문이다.

하나님은 그저 모든 사건을 멀리서 바라보는 분이 아니다. 능동적으로 모든 사건을 간섭하신다. 그렇지 않으면 우리는 세상의 미래에 대해서 절망할 수밖에 없다. 동시에 칼뱅은 하나님의 섭리라는 것이 악한 세력이 일으키는 사건들을 허용할 수밖에 없다는 주장에 대해서도 단호히 거부한다. 세상 일들이 그저 무차별적으로 발생한다고 생각할 것이 아니다. 하나님께서 어떤 일을 허용하신다는 것은 그 속에서 하나님이 계획하신 뜻이 이루어지도록 하는 범위 안에서 가능한 것이다. 한 가지 예를 들어보자면, 우리가 죄를 지을 때에 하나님은 전혀 놀라지 않는다. 하나님께서는 죄를 허용은 하지만, 결코 나쁜 일을 도모하는 분이 아니다. 선하신 하나님께서는 나쁜 일을 도모하시는 분이 아니다. 하나님은 죄와 고통이 넘쳐흐르고 있는 세상에서 선하고 착한 일들이 일어나도록 역사하신다.

4
고난당하신 예수 그리스도

하나님의 사역에 대한 칼뱅의 설명 가운데서 가장 널리 알려졌으나 사실은 오해를 받고 있는 부분을 설명하고자 한다. 칼뱅 신학의 대명사처럼 널리 알려진 교리가 하나님의 '절대적인 주권Sovereignty of God', 즉 전적인 통치하심이다. 하나님께서 모든 사건과 사람을 통치하고 계신다면, 즉 하나님이 인간 역사 가운데서 모든 사건을 직접 지휘하고 계시고 통솔하신다고 하는데, 어째서 이 세상 가운데 악한 일들이 일어나는가에 대한 질문이 제기되는 것이다. 여기에 대한 신학적인 답변을 찾아보면서 우리는 칼뱅이 이해한 해답을 들어보고자 한다.

16세기에는 종교개혁자들에 대한 박해가 무차별하게 진행되어서 수많은 인명이 희생되었다. 칼뱅이 스트라스부르에서 살 때에도 각종 전염병과 흑사병으로 수백만씩 죽어갔다. 인간의 가장 큰 비극은 전쟁이다. 이 세상에는 무력으로 전쟁을 도발하는 자들이 있어서 가엾은 목숨을 한꺼번에 잃어버리는 경우가 허다히 많았다.

칼뱅이 살았던 동시대에 똑같은 신앙을 가졌던 프랑스인 가운데 '왈덴시언', 즉 왈도파라 하는 사람들이 있었다. 피터 왈도라는 수도사가 1177년경에 리옹의 거리에서 설교하면서 선행을 하다가 죽었다. 그는 원래 리옹에서 부유한 상인이었는데, 예수님과 사도들이 모든 재산을 포기하고 가난하게 살았다는 것에 주목하여 모든 재산을 다 내놓았다. 프랑스에는 그를 추종하던 일단의 무리들이 있었는데 이 사람들은 초기 개혁신앙을 가진 자들이라고 간주되고 있는바, 각 지역의 성직자들에게 복종하지 않는 반란자들의 무리라 하여 이단으로 척결되었다. 로마 가톨릭 측에서는 반란분자를 규정하고 가엾은 어린아이들과 부녀자들을 포함하여 무차별적으로 살해했다. 1211년에 80명을 화형시켰고, 계속해서 박해를 가하다가, 1545년에는 무려 3,600명을 살해했다. 부패하고 타락한 성당마다 부속 재산들과 학교들과 토지들을 엄청나게 소유하고 있었는데, 중세 시대의 로마 가톨릭교회에서는 이들의 존재가 눈엣가시처럼 생각되었다. 이 사람들의 희생을 전해들은 칼뱅은 쓰라린 가슴을 쓸어내려야만 했다. 하나님의 뜻에 대해서 철저히 신뢰를 하는 성도들에게도 큰 충격이 아닐 수 없었다.

1572년 8월 23일, 성 바돌로뮤의 날에 프랑스에서는 대대적인 개신교 박해가 자행되었는데 약 3만 명 정도가 살해당했다. 몇 개월 동안 프랑스 전 지역에서 로마 가톨릭은 미사참석을 거부하는 개신교 성도들을 범법자로 몰아서 죽였다. 정확히 얼마나 죽었는지 알 수 없는데, 곳곳에서 피가 강물처럼 흘러내렸다. 오 하나님, 어찌하여 이런 일들이 벌어지는지요? 어떻게 이런 죄악들을 이해하고 받아들여야 하는가? 칼뱅이 이런 난감한 일을 어떻게 해석하였는가를 살펴보면, 그가 가졌던 하나님에 대한 이해와 하나님의 사역에 대해서 새롭게 발견하게 된다.

하나님이 하시는 일에 대한 설명에서, 칼뱅의 대표적인 사상으로 강하게 피력되고 있는 개념이 바로 하나님의 주권이다. '주권'이라는 말은 가공하지 않은 원시적 정치권력의 행사라는 뜻으로 사용되고 있는 단어였다. 세속 정치에서 사용하는 단어였으므로 물론 성경에도 나오지 않으며, 칼뱅의 『기독교강요』에도 사용된 적이 없다. 하지만, 이 단어는 개혁주의 신학의 근간으로 이해되고 있고, 마치 칼뱅의 대표적인 교리처럼 전해지고 있다.

최근에 칼뱅을 연구하는 상당수 학자들이 놓치고 있는 부분 중 하나가 바로 칼뱅의 신앙적인 관점에서 볼 때 하나님의 주권과 권세에 대한 상상을 초월하는 새로운 제시와 인간적인 실제를 반영하는 설명들이다. 칼뱅은 주권에 대해서 철학자들처럼 개념적으로 논하지 않고, 그의 설교와 주석에서 훨씬 더 구체적인 면을 강조한다. 하나님은 당연히 모든 권세를 가진 분이지만, 그 권위와 권세의 행사에 있어서는 전혀 세상의 군주들과는 다르다는 점을 주목한 것이다. 즉, 예수 그리스도 안에서 나타나는 하나님의 권능과 권세는 세속적인 권세와는 완전히 다르게 나타난다는 것이다.

자신을 죽이는 자들을 위해서 기도하는 예수님, 자신의 육신은 십자가에서 죽으면서도 용서할 뿐, 전혀 복수하거나 진압하거나 멸망시키지 않는다. 세속군주들이 내세우는 폭력적인 권력과 권세를 전혀 사용하지 않는다. 누가복음 23장 34절에, "예수께서 이르시되 아버지 저들을 사하여 주옵소서 자기들이 하는 것을 알지 못함이니이다 하시더라"고 기록되어 있다. 모욕과 살상을 자행하면서 그저 예수님의 옷 한 벌을 차지하는 데만 정신이 팔려 있는 군인들, 그들을 뒤에서 조종하는 권세자들의 힘이 펼쳐지고 있었다. 이런 상황에서도 더 높은 차원의 힘이 작동하고 있다. 이것이 하나님의 영적인 권세이다. 하나님은 우리 인간의 상처들과 자신을 동일시하는 분이다. 세상에서는 서로 생명을 쟁취하려고 하지만, 하나님은 자신의 생명을 주어서 죄로 만신창이가 된 인간을 구원하셨다.

5
상처받으신 하나님the wounded God

주요 신학논제에 관련된 칼뱅의 설명을 읽으면서 자주 놀라운 감동을 받는 것은 그의 표현과 해설에서 전혀 상상조차 하지 못하는 통찰력을 발견할 때이다. 그중에 하나가 바로 하나님은 상처를 입고 크게 고통을 당하시는 분이라는 설명이다. 삼위일체 되는 하나님은 우리의 창조주이자 구원자이지만, 기꺼이 상처를 입고 고통을 받으셨다. 군대를 동원하거나 전쟁과 같은 강압적이고 원시적인 힘을 과시하거나 권세를 발휘하지 않고도 신실하게 자신의 백성들을 구원하는 모습을 보여주면서 하나님의 목적을 이루셨다.

왜 하나님은 상처를 입고 있다는 말인가? 칼뱅이 예레미야 22장 16절, "그는 가난한 자와 궁핍한 자를 변호하고 형통하였나니 이것이 나를 앎이 아니냐 여호와의 말씀이니라"를 풀이한 부분을 주목해 보면, 하나님의 신실하심에 대한 설명과 함께 매우 이례적인 표현이 나온다. 위의 성경 본문은 선지자 예레미야가 요시아 왕과 그의 아들 살룸 왕에 대해서 비교하면서 선포한 내용이다. 요시아 왕은 의로운 통치자의 업적을 남겼으나, 그의 아들 살룸은 가난한 자들을 압박하였다. 가난한 자들과 궁핍한 자들을 변호해 주고 이해하는 정치를 한다는 것이 과연 "하나님을 아는 것이라고 말하겠느냐?"고 묻는 것이다.

하나님을 아는 지식에 대해서 칼뱅은 여러 곳에서 집중적으로 조명한 바 있기에, 위 구절에서 표현된 칼뱅의 설명에 대해서도 주목하게 된다. 그는 여러 곳에서 하나님을 아는 지식과 우리 자신에 대한 지식을 참되고 확실한 지식의 내용으로 다루었다. 위 구절의 해석에서 칼뱅은 이 세상 사람들이 정의를 실현하지 않는 곳에는 결국 하나님을 아는 지식이란 없다고 강조한다. 이 세상 가운데 대량적으로 악이 창궐하고 있다고 한다면, 예컨대 전쟁이라든가 인종 학살이라든가 지구상의 기근이라든가 하는 것들은, 하나님께서 하는 일이 아니라는 설명이 가능하게 된다. 그런 일들이 벌어지는 곳에서는 하나님을 아는 지식에 대해서 그 누구도 인정하려 들지 않으려할 것이다. 사람들이 하나님을 아는 지식을 거역하고 거부할 것이기 때문에 하나님은 그런 결과를 만들어내는 분이 아니다. 사람이 보호를 받고 있다는 생각되고 느껴질 때에만 하나님을 아는 지식이 주어진다는 것을 예레미야 22장 16절에 대한 주석에서 칼뱅이 역설하였다.

하나님의 주권이라는 것은 결국 우리 인생의 불쌍한 면모들을 돌아보고, 이 세상의 고난들을 모두 다 짊어지고 계신 분이라는 말이다. 고향에서 추방을 당해 제네바에서 이방인으로 살고 있던 칼뱅은 우리의 고통스러운 것들을 돌보아 주는 하나님께서는 항상 위로해 주는 분이라는 믿음을 갖게 되었다. 우리의 고통에 반응해 주는 하나님이기에 항상 자기 백성들을 돌아보아 주는 분이다. 이런 하나님을 믿는다는 것은 우리의 부르짖음에 응답하신다는 확신을 가지는 것이요, 우리를 그냥 내버려두는 분이 아니라 도리어 자신이 죽으려는 분을 신뢰하는 것이다.

6
삼위일체의 옹호와 세르베투스

칼뱅은 정통 기독교 신앙에서 믿고 있는 성부, 성자, 성령, 삼위일체 하나님을 철저히 수호하고 신앙의 핵심으로 지키고자 했다. 칼뱅이 제네바라는 특수한 도시의 종교개혁자의 위치를 넘어서서 전 유럽 교회가 지켜온 정통신앙의 수호자로 각인된 사건은 세르베투스를 이단으로 정죄하고 처형하는 과정에서다. 이 사건을 처리하고 난 후 1555년경에 확고한 지도력을 확보하여 제네바에서의 지도력을 갖게 된 이후 로마 카톨릭에 맞서는 대표적인 개혁자가 되었다. 제네바의 정치상황이 요동치던 상황에서, 이 폭풍과 같은 사건에서 이겼기 때문에 칼뱅은 오늘날까지 역사에 남는 승리자의 모습을 보여주게 된다.[27] 만일 칼뱅이 패배했다면, 그의 모든 영향력은 기대할 수 없었을 것이다. 이제 칼뱅은 정통 기독교가 지녀온 칼세돈 신앙고백을 지켜내는 대표적인 학자로 모든 유럽인의 마음에 각인되었다.

칼뱅과 동료 목사들이 세르베투스의 죽음에 관련된 것은 사실이지만, 16세기에는 어느 교회에서나 부드럽고 관용하는 모습을 볼 수 없었다. 루터는 독일 농부들에게 공격할 것을 촉구하였고, 「유대인들과 그들의 거짓말에 대해서」라는 글을 써서 반유대주의를 부추겼다. 츠빙글리는 재세례파와 격돌하는 일이 많았는데 그들의 지도자 중에 펠릭스 만즈를 익사시켜서 출교하는 것에 대해서 지지하였다. 헨리 8세 치하에서 영국 가톨릭의 최고 성직자이던 토마스 모어 경은 '이단자'로 간주되던 자들의 사형식에서 사회를 보았다. 신앙과 교리의 차이로 첨예하게 대립하던 시대였기에 관용과 용납은 기대할 수 없었다.

세르베투스는 삼위일체라는 용어를 한 번도 사용하지 않았다. 따라서 성경을 읽었다고는 하지만 정통기독교 신앙의 수호자들에게는 위험하기 짝이 없는 인물이었다. 칼뱅의 『기독교강요』에 세르베투스가 처음으로 언급된 부분은 예수 그리스도가 '영원한 천사'로서 영광을 받으신 것이 아니라고 하는 것이 '불신앙'이라고 설명하는 대목에서다. 세르베투스는 한 분 하나님 안에는 단 하나의 인격뿐이다고 주장했다.[28] 삼위의 인격들이라는 것은 하나님이 자신을 드러내고자 하실 때 취하는 형식일 뿐이다고 생각했다. 예수 그리스도는 하나님에 의해서 만들어진 한 사람일 뿐이요, 그의 인간으로서 본성이 하나님이라는 존재가 되는 것과 하나님의 영원한 성질 안에 참여하는 것을 방해한다고 주장했다. 따라서, 하나님은 영원하시지만, 예수 그리스도는 아버지에게서 낳은 아들이므로 영원하지 않다고 하였다.[29] 삼위일체의 교리를 정통 신앙으로 지켜온 로마 가톨릭과 개신교회에서는 다 같이 세르베투스를 감옥에 보냈고, 사형을 선고하였으며, 그의 모든 저술을 파괴하였다.

1553년 10월 27일, 마이클 세르베투스는 삼위일체를 반대하는 설교를 하였고, 유아세례를 거부하는 가르침을 베푼 죄목으로 화형에 처해졌다. 『기독교강요』 IV.xvi.31.32에서 칼뱅은 유아세례를 반대하는 세르베투스에 대해서 20가지로 논박하였다. 칼뱅은 세르베투스가 재세례파와 연계되어 있다고 보았다.[30] 칼뱅이 그토록 주의를 주고 회개할 것은 권고하였지만, 스페인 출신으로 의사로서 명성이 있던 세르베투스는 결코 자신의 신학에 대한 확고한 신념과 완고함을 바꾸려 하지 않았다. 도리어 칼뱅 반대파의 사주를 받아서 시의회에서 자신이 이길 것이라고 착각하였다.

칼뱅이 세르베투스의 신학사상에 대해서 죽음으로까지 내몰아야 했느냐 하는 것은 크게 비판받고 있는 부분이다. 이 사건은 16세기라는 시대의 정황 속에서 이해해야 할 성격을 가지고 있다. 오늘의 기준에서 볼 때에는, 이처럼 서로 신학적인 의견이 다르다 하여 이단을 처벌한다는 것은 도무지 이해할 수 없는 일이다. 그러나 이미 로마 가톨릭 교회에서는 저주선언과 이단척결을 너무나 잔인하게 시행해 오고 있었다. 프랑스에서는 미사에 참석하지 않는다는 죄목으로 얼마나 많은 개신교 성도들이 피를 흘렸는지 알 수 없을 정도였다. 미사참석을 거부하는 자는 반정부주의자로 간주되었고, 무조건 발견하는 즉시 감옥행이었다. '성 바돌로매의 날', 1572년 8월 23일부터 삼일 동안 프랑스 전역에서는 위그노, 즉 칼뱅주의 신앙을 가진 개신교인들을 대대적으로 살해했는데, 재판도 없고 권고도 없이 무작정 살해당한 사람들이 무려 5만 명 이상으로 추정되고 있다.

앙리 2세의 반정체제 하에 놓여 있던 빈에서 이미 세르베투스의 재판과 화형은 결정된 사안이었다. 그 시대는 로마 가톨릭이든지, 루터파이든지, 개혁주의 교회이든지, 제세례파에 서든지 자신들의 입장을 거부하는 자들을 철저히 비판하여 이단을 처리하고 정죄하는 엄격한 시대였다. 만일 칼뱅이 프랑스나 스페인에 들어가서 체포되었다면, 분명 화형을 당했을 것이다. 이미 칼뱅의 모든 책은 로마 가톨릭에서 금서목록으로 공표하였고, 저주가 선언되어 있었다. 삼위일체 교리를 위배한 세르베투스의 처형은 어디를 가도 피할 수 없는 처지가 되고 말았다.

당시 제네바는 기독교 도시국가였기에 신앙적인 위배는 곧 도시 질서의 파괴와 같이 취급되었다. 로마 가톨릭에서도 세르베투스를 이단으로 정죄하여 이미 사형판결을 내렸다. 빈에서 체포되어 감옥에 있던 중에 간수를 매수해서 도망쳐 나온 죄인이었다. 이런 죄목으로 사람을 처형하는 것은 그 시대의 보편적인 문화이자 정서였다. 그렇기 때문에 단지 칼뱅만의 죄라고 치부하는 것은 너무나 가혹한 평가이다. 그도 시대의 아들이었다.

제네바시의 미래 방향이 걸린 사건으로 급속히 부상한 세르베투스는 더 이상 물러설 수 없는 자리로 칼뱅을 내몰았던 것이다. 시의회에서는 이 두 사람 중에서 한 사람을 선택할 수밖에 없었다. 그동안 정치세력으로 볼 때, 칼뱅을 지지하는 사람들은 소수였다. 1553년 10월 27일 시의회의 명령으로 세르베투스는 화형을 당했다. 그에게 신성모독, 삼위일체 부정, 동정녀 탄생과 기적에 대한 부정, 고위 성직자 모독죄 등 도합 39가지 죄목이 고소장에 기록되었다. 제네바 시당국에서는 중요사안에 대해서 취리히, 베른, 바젤, 샤프하우젠 등 주변 독립도시에 문의하였는데, 이번 사건에서는 모두 다 칼뱅의 입장을 지지하였고 세르베투스의 사형을 주장하였다.

세르베투스의 재판과 죽음은 과연 어떤 결과를 가져왔는가? 이 사건을 계기로 해서 칼뱅을 무너뜨리고자 함정을 숨겨놓았던 자들이 완전히 무너지게 되었다. 자신들의 음모대로 일이 진행되기를 기대했던 반대파들은 시민들의 인정을 받지 못하고 말았다. 결과는 그들의 참패였다. 그들은 시민들의 존경을 받지 못하고 있었던 것이다. 도리어 칼뱅은 일관성 있는 지도자이자 책임감 있는 선생으로 보호를 받게 되었다.

4

복음의 메시지

기독교는 어두운 세상을 향해서 '복된 소식Good News'을 증거하고 선포하므로 위로와 평안을 주고 있다. 그리스도 예수를 소개하고 증거하는 복음, 예수 그리스도의 사역과 교훈이 모든 사람에게 기쁜 소식이 되는 이유는 사람의 영혼을 새롭게 살려내어 그 생명력을 되살리는 일이 일어나기 때문이다. 복음에는 예수 그리스도의 신비롭고 놀라운 영적 능력이 담겨 있다.

유럽 종교개혁의 시대에 루터와 칼뱅을 비롯한 종교개혁자들은 세 가지 복음의 내용을 발견하게 된다. 오직 하나님의 은혜만이 모든 구원의 축복을 받는 근거가 되는 것이요, 오직 예수 그리스도로만이 바라보고 따라가야 할 하나님의 유일한 계시이며, 오직 값없이 주신 믿음으로만 의롭다고 인정하신다는 핵심을 터득한 것이다. 종교개혁 시대는 복음을 재발견하여 영적인 감동과 위로를 제공하여 주었고 성도들은 능력 있게 전파되는 복음을 박해 속에서도 충성스럽게 따르기로 결정하였다.

  종교개혁 시대에 복음을 깨닫게 될 수 있었던 것은 먼저 공부한 선배들과 스승들의 지도를 통해서 엄청난 축복을 받았기에 가능했었다. 기라성 같은 수많은 신진 신학자들이 여러 도시에서 13세기부터 신설되기 시작한 대학교를 통해서 배출되었고, 이들은 한결같이 성경의 원어인 히브리어와 헬라어를 능숙하게 다룰 수 있는 훌륭한 언어적 훈련을 받은 학자였고, 초대 교회의 문서들을 능숙하게 다룰 수 있는 최상급 지식인이었다.

  한 사람의 사상이란 그가 살았던 시대의 환경과 무관하게 독립적으로 형성될 수는 없다. 또한 아무리 위대한 사상가라 하더라도 누군가에게 영향을 받아서 성장했고 발전하였으며 약간의 진보를 하게 된다. 칼뱅의 경우에도 마찬가지다. 그는 누구보다도 독일 비텐베르크 대학교의 성경 교수이자 수도사이던 마틴 루터(1483-1546)에게서 큰 영향을 입었다. 루터가 새로운 복음을 주장하면서 종교개혁이라는 새로운 흐름이 16세기 초반에 유럽 전역으로 널리 퍼져나가게 될 때에, 프랑스 파리에서 성장하던 칼뱅도 영향을 받았던 것이다. 물론 루터도 하루아침에 만들어진 사람이 아니다. 그도 역시 에르푸르트 아우구스티누스파 수도원장 요한 슈타우피츠(1460-1524)에게서 큰 영향을 받았다. 또한 루터는 자신보다 몇백 년 전에 종교개혁을 부르짖은 이탈리아의 사보나롤라, 영국의 위클리프, 보헤미아의 후스 등 모두 다 사형을 당하고 말았던 이들과 무관하지 않다. 칼뱅은 루터보다 26년이나 나이가 어렸기에 거의 대부분 루터의 저술들과 다른 종교개혁자들의 연구를 읽은 후에 체계적으로 종합할 수 있었다.

루터와 칼뱅 등 16세기 종교개혁자들이 가장 크게 영향을 받았던 신학자는 초대교회 시대의 교부 아우구스티누스(354-430)였다. 루터가 면죄부 판매에 대해서 성경적인 반성을 할 수 있었던 것은 아우구스티누스로부터 배운 은총의 신학이 자리하고 있었기 때문이다. 루터는 은혜에 근거한 믿음을 통해서 우리가 의롭게 된다고 가르쳤다. 로마서 1장 17절에, "의인은 믿음으로 살리라"는 말씀과 다른 성경에서 의인으로 인정받는 것은 믿음 때문이라는 확신을 가졌다. 갈라디아서 3장 11절, "또 하나님 앞에서 아무도 율법으로 말미암아 의롭게 되지 못할 것이 분명하니 이는 의인은 믿음으로 살리라 하였음이라"고 하였고, 로마서 3장 28절에는 "그러므로 사람이 의롭다 하심을 얻는 것은 율법의 행위에 있지 않고 믿음으로 되는 줄 우리가 인정하노라"고 하였다.

칼뱅은 루터로부터 시작된 종교개혁자들의 기본 교리를 그대로 물려받았다. 동시에 나름대로 더 초대교회로 거슬러 올라가서 아우구스티누스를 깊이 탐독하였다. 그 밖에도 수많은 초대교회 교부들의 저술을 연구한 뒤에 복음에 대한 확신을 가지게 되었다. 물론 자신이 터득하고 연구한 부분들은 성경적인 설명을 추가하여 은총의 교리가 역동적으로 감동을 주는 탁월한 설득력을 제공했다. 칼뱅은 복음은 바로 하나님의 은혜라는 확신을 가지게 되었다. 은혜 혹은 은총이란 우리를 위하여 일하는 하나님의 실재이자, 우리와 함께하는 예수 그리스도 안에서 주어지는 것이며, 우리들 가운데서 함께 임재해 계신 성령께서 역사하시는 것이다. 은총 때문에 우리는 서로서로 용납하게 되며, 하나님과 이웃을 위해서 봉사하는 일에 자기 자신을 아무런 조건 없이 거저 바칠 수 있는 것이다.

1
오직 은혜로만!

거룩하신 하나님과의 관계에서 본질적인 죄악으로 인해서 인간은 단절되고 말았다. 자연적으로 태어난 인간은 그 누구도 하나님을 알 수 없게 되었다. 우리 시대의 세속 문화를 들여다보면, 그 안에는 거룩한 것, 순수한 것, 깨끗한 것을 추구하려는 의지와 욕구가 전혀 없다. 지금 전 세계적으로 방영되는 텔레비전 프로그램을 들여다보라. 그 밖에도 각종 영상물이나 영화나 오락 게임이나 향락산업 등이 갈수록 더 자극적이고, 더 잔인하고, 더 정욕적이고, 더 타락하고 방탕한 쪽으로 가고 있다. 인류 문명은 지금도 타락과 방탕에 빠져서 더 자극적이고 더 쾌락적으로 변질되고 있다.

수도원에서 발전된 중세시대의 도덕적인 노력은 종교적으로 높은 가치를 추구하도록 하는 선행과 금욕을 강조하였다. 최선을 다해서 도덕적인 생활을 하는 사람들에게는 하나님으로부터 보상과 상급이 주어진다고 가르쳤다. 윤리적인 노력을 다하면, 만사가 잘 될 것이라는 허상을 집어넣었던 것이다. 더구나 중세 로마 가톨릭은 이원론에 빠져서 세속적인 것을 멸시하고 천하게 구별하기만 했다. 중세 로마 교회는 자신들이 양떼로 돌보고 있던 세상을 바꾸어놓지 못했다. 어떻게든 말씀과 은혜로 문화와 산업과 정치와 사치스러운 귀족들의 향락과 타락한 삶을 변혁시키고 변화시키지는 못했다.

인간이 스스로 최선을 다하고 있다고 자부한다 하더라도, 자신의 종교적인 노력들이 최상의 요구에 만족될 수 있을까를 과연 어느 정도나 정확하게 판단할 수 것인가? 우리가 영적으로 노력하는 것들에 도달할 수 있을까? 어느 정도까지 선해야만 충분하다는 것인가? 우리들이 매일같이 만나는 사람들에게 선행을 다하려면, 장애인, 노인, 가난한 자가 주위에 널려 있어서 자신의 이익을 추구하는 다른 일은 전혀 할 수조차 없을 것이다. 매일 대도시의 주변에는 정상적인 생활을 하지 못하는 자들로 넘쳐흐른다. 어디 한국 내에서뿐인가? 해외로 눈을 돌리면, 전 세계적으로 타인의 선행을 기다리는 사람들로 가득 차 있다. 누가 어느 정도까지 선행을 해야 하고, 또 할 수 있을까? 하나님이 요구하는 대로 살아갈 수 있을까? 그래서 하나님의 보상과 상급을 받을 수 있을 정도로 영적으로 순수한 선행을 유지할 수 있을까?

하나님의 의로움, 하나님의 기준이 무엇인가를 생각한다면, 인간은 너무나 얄팍하고 간교한 존재이다. 루터는 이런 주제를 깊이 생각하면서, 인간의 죄악됨과 하나님의 의로움과는 너무나 큰 차이가 있음을 철저하게 깨달았다. 루터는 하나님 앞에서 인간은 용서를 받은 의인이자, 동시에 영원히 죄인이기도 하다. 인간이 선행을 한다고 하지만, 하나님의 의로운 기준에 미칠 수가 없다. 하나님의 성품에서 나온 의로움이란 절대적으로 신뢰할 만하지만, 인간이 어떻게 그런 기준에 맞춰서 살아갈 수 있는 것인가?

하나님의 의로움 앞에서 인간의 절망적인 상황은 어떻게 대립하지 않고 관계를 유지할 수 있을까? 칼뱅은 루터의 설명을 그대로 받아들이면서도, 약속을 지키는 하나님의 신실하심에서 그 해답을 찾았다. 인간이 자신의 노력으로 의로움을 세우고자 하거나 자신의 신실함을 의존하려 한다면, 구원의 희망은 헛된 것이 되고 만다. 우리의 희망을 하나님의 약속과 신실에 두어야 한다. 하나님은 자신의 말씀에 대해서 진실한 분이다. 하나님은 철저히 의로움을 추구하면서도, 죄악된 인간들에게 용서를 베풀어주고 은총을 내린다는 약속을 주셨고, 철저하게 지키신다. 사람은 변덕스럽고 믿음직스럽지 못하다. 하나님은 신실하시다. 하나님의 존재는 인간보다 월등히 높기 때문에 하나님은 신실할 수 있다.

예수 그리스도 안에서 살아가도록 믿음을 선물로 은혜스럽게 베풀어주시는 구원의 약속이야말로 기독교인의 삶 가운데서 핵심에 해당한다. 이것이 참되다는 것을 믿고 그 약속을 붙잡는 것이다. 이 약속을 보장하는 분은 하나님 자신이다. 믿는 사람들에게 주신 이 약속은 객관적이고, 공식적인 것이다. 한 사람의 내면에 주신 믿음은 그저 개인적으로만 효력을 발행하는 것이 아니다. 구원에 대해서는 오직 하나님 안에 있음을 신뢰하게 되면, 믿는 자들에게 깊은 확신을 허락하신다. 은혜를 받는다는 것은 오직 개개인의 성도가 주관적으로 어떤 체험을 가진다는 것만이 아니라, 객관적으로 하나님의 약속을 신뢰하는 가운데 하나님의 행동들과 신실하심으로 보장하는 약속을 받아들이는 것이다.

다시 간단히 은혜의 교리를 요약하면, 첫째는 죄악에 빠져 있는 인간을, 아무런 공로가 없음에도 불구하고 하나님의 호의로 건져낸다는 것이다. 하나님의 은혜가 사람의 죄악됨을 덮어 버린다. 둘째로 은혜라는 것은 하나님 자신이 누구인가를 드러내는 핵심이다. 하나님은 그저 유대인이 믿던, 고대 종교의 시대에 부족들이 신봉하던 신이 아니다. 예수 그리스도 안에서 우리에게 나타나고 영원히 우리 인간과 같이 되어주셨다. 이것이 바로 크신 은혜의 시행이다.

하나님이 우리를 구원하사 거룩하신 소명으로 부르심은 우리의 행위대로 하심이 아니요 오직 자기의 뜻과 영원 전부터 그리스도 예수 안에서 우리에게 주신 은혜대로 하심이라. _디모데후서 1:9

2

오직 그리스도로만!

하나님은 사람들로부터 멀리 떨어져서 명령하거나 호령하

는 존재가 아니다. 도리어 사람들을 불쌍히 여기고 찾아오며 친히 돌아보신다. 예수 그리스도를 보내려고 준비하신 하나님께서는 사람의 몸을 입고 오도록 하셨다요 1:14. 그 이름은 '임마누엘'이다. 우리와 함께하는 하나님이다마 1:23.

오직 예수 그리스도만이라는 말은 오직 그리스도만이 의로운 분이요, 따라서 사람을 구원할 입장에 있다는 말이다. 예수 그리스도의 사역과 가르침을 통해서만 인간이 구원을 얻게 되고, 하나님의 뜻을 알 수 있다. 오직 그리스도만을 믿어야 한다는 것은 16세기의 상황에서 볼 때엔 너무나 로마 가톨릭 교회의 권위와 전통이 강조되면서 구원의 전달자로만 강요되고 있었기 때문이다.

그리스도 안에서 믿음을 가진 우리가 어떻게 의롭다고 간주되는가? 예수 그리스도는 하나님과 동일본질이라는 것을 주후 325년 니케아 신경에서 정립하였다. 초기 교회들은 다시 주후 451년에 칼세톤 회의를 통해서 예수 그리스도는 인성과 신성을 가진 분임을 공표하였다. 완전한 하나님이요 완전한 사람으로 오신 주 예수 그리스도는 하나님이면서도 우리와 같이 인간으로 계신 분이다. 다만 죄가 없다.

칼뱅은 예수 그리스도의 인성과 신성이 조화되는 것은 신비에 속하는 것이지만, 일단 서로 섞여 있는 것이 아니라는 점을 분명히 했다. 신성과 인성은 각각 구별된 본성을 유지하면서 한 분 그리스도 안에서 연합되었다. 이 연합을 설명하면서, 칼뱅은 마치 신성이 냉장고에 들어와서 꼼짝 못하고 묶여 있는 것처럼 인성 안에 갇혀 있는 것이 아니라고 하였다. 신적인 말씀이 육신이 되어졌지만, 그럼에도 불구하고 동일한 말씀이 세상을 자유롭게 통치하신다. 칼뱅은 하나님의 주권에 대해서 매우 높은 존경심을 가지고 있었는데, 하나님은 예수 그리스도 안에서 육신을 입으셨으면서도 동시에 예수 그리스도 밖에서도 사역하고 계신다는 것을 주장했다.

성자 예수 그리스도가 가진 인성과 신성에 대해서 항상 주의를 집중했기에 이는 칼뱅의 신학의 중요한 특징으로 주목받고 있다. 신성의 초월성이 인간 예수 그리스도와 함께 연합하여서 모든 구원사역을 이루었다. 신성은 항상 초월적이어서 비록 인간의 몸을 입고 있다 하더라도 조금도 손상되거나 위축되지 않는다. 따라서 하나님 아버지의 모든 사역과 떼어놓을 수 없다.

칼뱅은 성경에 계시된 예수 그리스도가 지극히 단순하게 사람이란 점에서 한 치의 의심도 없었다. 하나님의 놀라운 사역이 그리스도 안에서 성취되었는데, 예수 그리스도가 구원을 성취한 것은 그의 인성의 순종을 통해서였다. 이것은 예수 그리스도가 슈퍼맨처럼 초능력을 가진 인간이었다는 말이 결코 아니다. 인간이 되신 예수 그리스도의 순종은 하나님의 영이 주시는 권능과 함께 성취된 것이다. 예수 그리스도는 하나님의 아들 성자라고 하였지만, 한편으로는 하나님 아버지의 권능에 의존하였다.

3
오직 믿음으로만!

이제 칼뱅의 구원에 대한 해설에 대해서 집중하고자 하는데, 그중에서 가장 중요한 주제, 믿음을 다루고자 한다. 칼뱅의 구원론은 믿음에서 시작하고 있는바, 많은 해설을 집약시켰기에 『기독교강요』 제3권 초두에 담아서 중요하게 취급했고, 큰 분량을 할애하였다. 그 누구보다도 믿음을 중시했던 칼뱅은 16세기 신학자답게 로마 가톨릭에서 주장하는 선행과 공로주의에 맞서서 싸웠다. 우리를 위해서 일하시는 예수 그리스도 안에서 역사하시는 하나님의 사역은 우리 가운데 찾아오신 성령으로 인해서 힘과 권능을 받는다. 하나님의 힘과 능력은 우리 가운데 불어넣으신 믿음을 통해서 작용하는데, 이는 사람의 노력에서 나오는 것이 아니요 성령의 선물이다. 우리에게 주신 믿음은 하나님의 목적을 이루고 나가는 것을 알게 하고 신뢰하게 하는 기본적인 방법이자 은혜의 전달통로가 된다.

마틴 루터가 주장한 기독교의 복음을 한마디로 요약하자면, '믿음으로 의롭다 하심을 얻는다'는 가르침이다. 믿음으로 의롭다 함을 얻는다는 것만을 강조하게 되면, 마치 인간의 노력과 수고를 통해서 가지는 믿음을 가져야만 한다는 쪽으로 결론을 내게 된다. 우리가 가진 믿음이 어떤 능력을 발휘하거나 행동을 하는 것은 아니기에 조심해야만 한다. 믿음이 아무런 효력도 발휘하지 않는다는 것은 아니다. 분명히 믿음이 들어가 있는 사람의 본성과 인격에는 큰 변화가 있다. 그러나 믿음이 구원하는 것은 아니다. 우리는 그저 하나님의 은총을 받아들이는 것뿐이다. 구원에 있어서 결코 사람의 결단이나 업적이나 공로가 들어가서 작용하는 부분은 전혀 없다. 이 은혜는 믿음의 선물을 통해서 전달된다.

하나님의 은혜가 물결처럼, 전파처럼 파도를 치고 흘러나가고 있다. 믿음은 마치 그것을 감지하는 예민한 인식장치와 같다고 말할 수 있다. 하나님에 대한 믿음의 자세를 받아들이게 되면, 우리를 구원하시는 은혜에 대해서 활짝 열리게 되는 것이다.

칼뱅은 믿음을 성령의 사역이라고 확신하였다. 칼뱅은 거듭해서 성령의 가장 기본적인 사역은 우리를 그리스도와 연합시키는 일이라고 역설하였다「기독교강요」III.i.1. 그리스도와의 연합은 칼뱅의 신학에서 가장 중요한 주제로 손꼽히고 있다. 우리가 그리스도와 연합하게 되기 때문에, 믿음의 역동성이 유지되도록 영양을 공급받으며, 믿음이 유지된다. 다른 용어로 표현하자면, 믿음은 그저 피동적인 축복만은 아니고, 성도에게 주어져서 능동적이게 하고 영적으로 작동한다.

우리에게 가장 널리 알려진 칼뱅의 뛰어난 신학적인 통찰력에는 중요한 신학용어에 대해서 명쾌한 개념을 제시한 부분이 많다. 필자가 가장 좋아하는 개념 중에 하나가 칼뱅이 심혈을 기울여 규명한 믿음의 의미를 밝힌 부분이다. 모든 개념을 분명하게 규정하려는 칼뱅의 노력으로 우리는 매우 추상적인 신학용어의 내용을 알게 되었다. 지금도 거의 모든 신학교과서에서 인용되고 있는 믿음의 개념을 보자.

믿음이란 우리를 향한 하나님의 자비하심에 대한 견고하고도 확실한 지식으로, 예수 그리스도 안에서 값없이 베푸신 약속의 진실성에 토대를 두고, 성령을 통해서 우리 정신에 계시될 뿐만 아니라 우리 마음에 인치신 것이다. _『기독교강요』 III.ii.7

믿음은 나의 이력서 속에서 찾을 수 없다. 칼뱅은 감정적 신비주의, 종교적 심리주의, 경건주의 등에서 믿음을 찾으려 하지 않았다. 그는 믿음의 내용에 대해서 더 관심을 두고 있다. 믿음의 방법을 따지지 않으려 하였다. 내가 가진 믿음은 하나님과의 관계를 발전시켜 나간다.

나는 칼뱅의 예리한 통찰력을 믿음과 의심을 대조시키는 대목에서 느껴보았다. 의심이라는 것은 보편적인 현상이다. 과연 하나님을 믿는다는 자들이 의심을 할 수 있는가? 역사 속에서 하나님의 승리에 대해서 의심하는 자들이 있을 수 있다고 본다. 경험상 얼마든지 의심을 가질 만하다는 것이다. "누구를 막론하고 불신은 언제나 믿음과 뒤섞여 있다"「기독교강요」Ⅲ.ⅱ.4. 그러나 불신이나 의심은 믿음의 본질에 포함되어 있지 않다. 불신앙은 죄로부터 나오는 것이다. 모든 신자는 죄인이기에, 결국 모든 이의 영혼 속에 불신앙이 들어가 있는 것이다. 심지어 칼뱅과 같은 탁월한 하나님의 종이라 하더라도 이 세상에서는 아주 완벽한 믿음을 가졌다고 볼 수 없다.

믿음은 온갖 사악한 의심과 두려움으로부터 공격을 받은 가운데 지켜 나가는 것이다. 견고하며 일관성이 있고 확고한 지식으로 하나님의 은혜에 힘입어서 마침내 승리를 거둔다. 우리가 믿음을 지켜내고 승리를 할 수 있는 것은 그리스도께서 항상 함께하기 때문이다.

여러분 자신을 돌아보면 확실한 멸망밖에 보이지 않는다. 그러나 그리스도는 자신이 지니신 모든 유익을 여러분에게 남김없이 나눠주셨으므로, 그 모든 유익이 여러분의 것이 되고, 여러분은 그분의 지체가 되며, 정말로 그분과 하나가 되며, 그분의 의가 여러분의 죄를 능가한다. 그리스도의 구원이 여러분의 정죄를 깨끗하게 씻어 버린다. 그 고귀한 가치로 여러분의 무가치함이 하나님 앞에서 드러나지 않도록 중보하신다. … 그리스도는 우리 밖에 계시지 않고 우리 안에 내주하신다. 떼려야 뗄 수 없는 교제의 띠로 우리와 접착되어 계실 뿐만 아니라, 놀라운 사귐으로 매일 우리와 점점 더 한 몸이 되시며, 결국에는 우리의 온전한 한 몸이 되신다. _『기독교강요』 III.ii.24

칼뱅에 따르면 믿음은 아는 것보다 훨씬 더 높은 이상이다. 그리스도를 아는 지식이란 머릿속으로 굴리면서 사색적으로 아는 것이 아니다. 또한 믿음은 미래의 구원을 아는 것보다 훨씬 더 크고 확실하며, 현재에도 영원한 생명에 참여한다. 이것을 분석하려 하지 말라고 칼뱅은 경고한다. 도리어 경험해야 한다고 말하는 것이다.

칼뱅이 인간의 종교적 노력과 선행으로 공로를 세우려는 로마 가톨릭을 비판하다 보니, 자연스럽게 성화의 노력을 약화시키고 있다는 지적을 하려는 자들도 있었으므로, 그가 그런 비판을 염두에 두고서 세밀한 설명을 제시한 것이다. 그리스도의 의로움을 값없이 주심으로 인해서 용서를 받아 의롭다 함을 얻고 있는데, 이것은 도덕적인 생활을 엄격하게 살아가는 것과 결코 멀리 떨어뜨릴 수 없다. 하나님께서 우리에게 주신 은혜는 우리 안에서 능력 있게 작동하도록 연계되어 있다. 우리를 위해서 주신 은혜이고 다른 하나는 우리 안에서 역사하는 은혜인데, 이 둘은 서로 분리되어 있는 것이 아니다.

이 두 가지 은혜의 본질들이 어떻게 연관을 맺고 있는가? 이 두 가지 은혜의 관련성을 강조한 칼뱅의 설명이 탁월하여서 지금까지도 그대로 칼뱅의 이중은총 교리라고 부르면서 채택하고 있다. 칼뱅은 두 가지 은혜의 긴밀성은 손바닥의 앞과 뒤같이 서로 떼려야 뗄 수 없다고 하였다. 먼저 하나님의 은총으로 인해서 우리는 단번에 의롭다고 인정을 받는다. 이것은 은총의 첫 형식이요 시작에 해당하는바, 개신교에서는 "칭의"라고 부른다. 죄의 용서함을 받아 의롭다고 간주되는 것을 의미한다.

하나님의 은혜의 두 번째 형식은 점진적으로 시간이 흘러가면서 지속되는 것인데, 이 은총을 칼뱅은 '성화'라고 부른다. 그리스도의 의로움이 우리 자신들의 소유로 간주되는 칭의가 외부적인 것이라면, 우리 내부에서 성장하는 요소를 가지고 있는 성화는 그리스도와 영적으로 연합되어 있는 내적인 측면이다. 은혜 안에서 그리스도의 혜택들을 받을 뿐만 아니라, 성장하고 성숙해나가면서 점차 더 그리스도를 닮아간다. 이런 것들이 그리스도에게 연합된 존재의 모습들이다.

먼저 칭의라는 것이 어떤 종류의 은혜인가를 이해하기 위해서, 간단히 예를 들어보자. 은혜를 받은 성도들의 체험과 경험들을 살펴보면 공통적으로 절박한 좌절과 처절한 상황에서 벗어나게 되는 역동적인 모습들이 비쳐진다. 만일 우리가 아주 극단적인 상태에 직면하게 되었다고 가정해 보자. 예를 들면, 생명을 잃어버릴 수밖에 없는 치명적인 질병이나, 특별히 사랑하는 사람을 잃어버린다거나, 전투에서 처참한 환경에 처한다거나, 경제적인 재난을 맞이하여 파산의 위협에 직면한다면, 한 개인이 스스로 극복하거나 조종할 수 없는 한계

상황에 부딪히게 된다. 비로소 인간은 자신의 힘으로 살아갈 수 없음을 인지하게 되는 것이다. 이런 경우에는 외부의 환경적인 요인들이 우리를 압도하기 때문에, 결국 외부적인 요소들에 전적으로 의존할 수밖에 없다. 사랑하는 사람, 가족, 가까운 친구들의 격려와 성원, 교회의 영적인 지원, 구호단체들의 자선적인 손길 등이 있어야만 절박한 상황에서 벗어날 수 있다. 우리 밖에 있는 것으로부터 도움을 얻는다는 개념 속에 칭의를 이해할 수 있는 연결점이 있다. 죄와 죽음은 우리의 삶을 벗어날 수 없는 한계상황으로 몰아넣었고, 우리 자신들 외부로부터 주어지는 도움에 의존할 수밖에 없게 되었는데, 그것이 바로 하나님의 은혜에 의한 구출이요 건져냄이다.

성화의 은혜는 우리의 삶과 생활 속에서 항상 가능성을 인정하고 믿음을 구현하는 과정에서 주어진다. 우리가 아무리 어려운 한계 상황에 떨어진다 하더라도, 그런 가운데서도 새로운 창조적인 삶을 구현하는 기회가 될 수 있다. 아무리 힘든 처지에 놓여진다 하더라도, 우리 앞에 놓인 것들을 극복하는 능력과 힘을 주시는 것이다. 자신을 포기하고 하나님만을 의존하는 마음을 가지면서 날마다 자신을 부인하고, 죄악된

144

생각을 죽이며, 새로운 영적 생명력을 키워나가는 것이다. 이 것이 바로 성화의 단계에서 주시는 은혜이다.

16세기 종교개혁자들의 구원에 대한 이해가 로마 가톨릭 교회와 극명하게 다른 부분은 칭의와 성화에 대한 해석과 강조점이다. 로마 가톨릭에서는 성화, 곧 성도들 각자가 수행하는 노력들을 통해서 구원을 성취해야 한다고 주장한다. 종교개혁자들은 믿음으로 값없이 거저 주시는 칭의를 더 강조하면서 이에 맞서서 공로와 선행을 더 내세우지 말라고 가르쳤다. 이런 논쟁의 상황을 주시하였던 칼뱅은 칭의와 성화를 동시에 강조하는 노력을 줄기차게 기울였다. 이처럼 양쪽을 모두 연결시키는 방법이 칼뱅에게서 자주 발견되고 있는데, 그는 양측면의 고려사항들을 집중적으로 조명하고, 성경을 통해서 균형 잡힌 기준을 제시하면서 절충점을 찾아서 마지막 해결방안을 제시하였던 것이다.

세창사상가산책 | JEAN CALVIN

5

하나님의 선택과 예정

혼히 칼뱅의 신학을 요약하면서 '신본주의'사상이라고 하기도 하고, '하나님 주권사상'이라고도 말한다. 마치 하나님을 피도 눈물도 없이 권력을 휘두르는 중세시대 독재자처럼 인식하는 잘못된 선입견을 주는 단어가 될 수 있다. 반면, 하나님이 먼저 우선적인 존재이고, 모든 일의 근거가 된다는 뜻으로 받아들인다면 크게 문제가 될 개념이 아니다.

하나님이 관심을 가지고 하는 일은 지으신 만물의 세계를 통치하면서 그 가운데 은혜를 베푸는 일이다. 다시 말하면, 지금 하나님은 무슨 일을 가장 중심적으로 진행하고 계시는가? 인류 역사를 조종하고 지배하는 하나님에게 가장 중요한 일은 무엇인가? 인류 구원을 위해서 창조하고, 섭리하고, 선택하는 일을 하신다.

하나님은 각 사람에 대해서 구원받을지를 미리 결정하였다고 말한다. 은혜를 베풀 자에게 은혜를 주고, 버릴 자에게 주지 않는 것이다. 하나님은 마음대로 그릇을 지어서 사용하는 토기장이와 같다. 이런 비유적인 표현이 구약성경의 이사야, 예레미야에 이어서 로마서 9장에서도 사도 바울에 의해 집중적으로 거론되었다. 하나님이 사람의 출생과 목적을 스스로 결정하고 택하고 작정하신 것이다. 참으로, 이스라엘 백성은 하나님의 택함을 받아 소유된 백성이요, 보물과 같이 취급받았다출 19:5-6.

그런데 바로 이 선택과 예정이 칼뱅의 중심적인 신학이라고 강조하는 해설자들이 있었다. 과연 칼뱅은 모든 교리보다 선택과 예정을 중심에 두었을까? 선택과 예정에 대해서는 오해와 곡해도 많아서 정확하게 성경적으로 중심을 잡고 제시하는지를 살펴야만 할 것이다. 간단히 줄여서 설명하자면, 선택과 예정이라는 교리는 칼뱅의 중심진리가 아니요, 신학의 만능키와 같이 모든 문제를 풀어주는 주제도 아니다. 칼뱅은 논쟁을 통해서 이 교리를 확고히 세우고자 했었는데, 그 이유는 성경이 이 주제를 광범위하게 가르치고 있기 때문이다. 선택은 칼뱅의 교리가 아니었다. 초대 교부 아우구스티누스가 강조한 교리였고, 루터파 신학자 필립 멜랑톤의 핵심교리였다. 하지만, 이미 성경 안에 강조되어 있었고, 하나님의 선택은 분명하게 나타나 있다.

하나님은 이교도였으며 전혀 알지 못하던 아브라함을 선택하고, 그 후손들을 택한 백성으로 삼으사 큰 민족을 이루게 하셨다창 12:1-3. 하나님의 목적을 이루기 위해서 세움을 받은 왕, 제사장, 선지자의 경우에도 특별히 선택을 받은 사람들이었다. 때로는 집안을 택하기도 하고, 나이와 용모와 신장을 선별적으로 지정하여서 사역자들을 뽑았다. 신약성경에서도 예수 그리스도는 하나님의 택함을 받은 자라고 자주 언급되었다눅 9:35, 23:35, 행 3;20, 벧전 1:20, 2:4, 엡 1:9-10, 계 13:8.

종교개혁자들이 하나님의 은혜로만이라는 교리를 강조하였다고 했는데, 그 논리적인 연장선상에 보면 선택과 예정은 아주 당연한 귀결이라고 볼 수 있다. 하나님이 은혜를 베푸는 이유는 자신의 목적을 이루고자 함이며, 아주 특별한 사람들을 정하고 의도적으로 선별하신다. 은혜 받게 되는 사람을 선택하는 것은 하나님께서 의도하는 목적을 이루는 매우 중요한 일이다. 선택은 매우 실제적인 교리가 된다는 말이다. 동시에 선택은 격려와 희망을 제시한다. 선택은 회의론에 빠진 자들이 내세우는 논쟁의 주제가 되어서는 안 된다.

칼뱅은 오랜 세월 동안 고향에 갈 수 없는 난민으로 제네바에서 살아가야 했다. 언제 프랑스에서 쳐들어올지 모르는 불안한 나그네의 세월을 살아가면서 오직 하나 위로를 삼을 수 있던 것은 하나님의 선택에 대한 확신이었다. 현재 어떤 처지에 놓여 있더라도 하나님의 선택이라는 원대한 개념에서 상당한 위로와 안식을 얻을 수 있었다. 그가 어디에서 어떤 일을 당하더라도 하나님의 은혜 안에서 확신을 가질 수 있었던 것이다. 선택은 우리의 어떤 노력이나, 우리 인간 쪽에서 어떤 반응을 나타내기 이전에 하나님의 영원한 작정에서 나온 선포를 말하는 것이다. 어떤 공로나 선행이나 그 어떤 노력을 하기 이전에 하나님 자신의 지식과 주권으로 우리를 알고 계시고, 구원하고, 하나님의 구원역사를 위해서 봉사하도록 능력을 주신다.

1
우리를 택하신 하나님

사람마다 자신의 출생과 존재에 대해서 의구심을 품을 때가 있다. "나는 어째서 태어났을까?" "나는 왜 이런 가정에서, 이런 정도의 능력과 이런 생김새로, 이런 초라한 모습으로 세상에 왔을까?" 때로는 가난하고 불행한 출생조건에 대해서 탄식하기도 하고, 우울증과 자살충동에 빠지기도 한다. 부모를 원망하고, 시대를 한탄하고, 자신의 능력에 대해서 자포자기하기도 한다. 인생의 목적이 무엇인가를 알지 못하기 때문이다. 이 시대에 지구상에서 내가 해야 할 일이 있음을 알지 못하기 때문이다.

선택이란 교리는 인간의 가장 중요한 질문에 대해서 해답을 찾는 사람들에게 주는 하나님의 답변이다. 지금 세상에서는 일반적으로 우리들 각각의 출생과 생명이란 그저 우연히 자연발생적으로 주어졌다고 생각한다. 아무런 의미도 없이 목적도 없이 어쩌다가 이렇게 태어나게 되었다고 짐작하는 것이다. 우리의 생명이란 생물학적으로 일어난 우연의 산물이라는 것이다. 우리가 한번 결정적인 세포(DNA)를 받으면 그것은 죽을 때까지 우리의 목숨을 좌우하는 요인이 되고 만다.

그러나 칼뱅은 전혀 다른 해답을 제시하였다. 우리가 누구이든지, 어떤 은사를 가졌거나 어떤 부름을 받았든지 간에, 우리 모든 사람은 각각 하나님의 의도 안에서 깊은 의미를 가지고 있다고 확신하였다. 우리가 존재하기도 이전에 하나님께서 선택하셨다고 가르친다. 하나님은 미리 우리를 생각하셨다. 하나님께서는 우리를 존재하도록 호명하셨다. 그래서 하나님은 우리의 이름을 부르셨다. 미래와 희망을 주려고 선택하셨다.

어떤 사람은 하나님에 대해서 우리와는 아주 멀리 떨어져 계시고, 우리의 각자에 대해서 무관심하고 초연하고 냉담하다고 생각할지 모른다. 그러나 성경에 보면, 선택을 풀이하는 단어들은 하나님과 인간과의 매우 긴밀함을 드러내는 특징을 갖고 있다. 하나님에 의해서 선택받았다는 것은 하나님께서 우리에게 특별한 관심을 가지신다는 것이다. 성경에 보면, 하나님은 이스라엘을 향해서 불타는 마음을 두고 계셨다. "에브라임이여 내가 어찌 너를 놓겠느냐 이스라엘이여 내가 어찌 너를 버리겠느냐 내가 어찌 너를 아드마같이 놓겠느냐 어찌 너를 스보임같이 두겠느냐 내 마음이 내 속에서 돌이키어 나의 긍휼이 온전히 불붙듯 하도다"호세아 11:8. 이스라엘 백성들을 택하셨다는 말에는 남편과 아내의 관계처럼 긴밀한 육체적인 관심이라는 의미가 포함되어 있다. "여호와께서 이르시되 그날에 네가 나를 내 남편이라 일컫고 다시는 내 바알이라 일컫지 아니하리라 내가 바알들의 이름을 그의 입에서 제거하여 다시는 그의 이름을 기억하여 부르는 일이 없게 하리라 그날에는 내가 그들을 위하여 들짐승과 공중의 새와 땅의 곤충과 더불어 언약을 맺으며 또 이 땅에서 활과 칼을 꺾어 전쟁을 없이하고 그들로 평안히 눕게 하리라 내가 네게 장가들어 영원히 살되 공의와 정의와 은총과 긍휼히 여김으로 네게 장가들며 진실함으로 네게 장가들리니 네가 여호와를 알리라"호 2:16-20.

하나님께서 우리를 선택하셨다는 것은 우리를 깊이 알고 계신다는 의미이다. 이것이 우리가 알아야 할 하나님의 성품 중 하나다. 하나님께서는 우리를 위해서 결정하고 계시다는 것이다. 하나님은 우리 각 사람을 그냥 무작정 태어나게 해서 그냥 살아가도록 내버려두지 않는다는 말이다. 하나님 자신의 가슴 안에 우리가 차지하는 특별한 장소가 있다. 우리는 하늘의 아버지로부터 사랑을 받고 있는 존재이다. 우리의 날마다의 생활은 하나님과 관련을 맺고 살아가고 있는 것이다.

우리는 하나님의 목적을 이 세상에서 성취하기 위해서 지음 받았음을 상기시켜 준다. 하나님의 목적은 우리를 사랑하는 것이므로, 우리의 목적은 하나님을 사랑하는 것만이 아니라 다른 사람들과 함께 서로 사랑해야만 하는 것이다.

2

우리를 구원하시는 하나님

하나님께서는 우리 각 사람을 알고 계시고, 각별한 관심의 대상으로 지키며 사랑하는 것만이 아니라, 우리를 구원하고 하나님과 화해하도록 우리의 삶 속에서 선택받은 자의 감격을 주신다. 우리가 어디를 가든지 하나님께서 우리보다 먼저 행하신다. 우리를 위하는 구원이 확고하게 이루어지도록 하나님께서 준비하신다.

선택과 예정에 나오는 단어적인 의미를 조심해서 구별하기를 바라는데, '미리 예전에 결정주의적으로' 다 되어 있었다는 뜻이 아니다. 예정이란 무엇을 의미하는지 잘 알아야 한다. 우리 인간이 각각 자유로운 결정으로 일을 하더라도 결국에는 오케스트라의 연주처럼 미래에 일어날 모든 일이 하나님의 뜻을 이루어간다는 의미다. 예전에 결정되었다는 것은 모든 일에 있어서 사람의 자유로운 선택을 박탈하는 말이 되고 만다. 모든 미래의 계획이 누군가의 조종을 받아야 한다는 것은 결정주의자들의 개념이다. 이것은 전혀 사람의 자유로운 임의권이란 인정하지 않는 생각이다. 이런 것은 칼뱅이 예정과 선택에서 전혀 생각하지 않은 내용이다. 우리는 결정론자들의 생각을 따르지 않더라도 얼마든지 하나님의 예정과 선택을 설명해 낼 수 있다.

하나님께서 예정 가운데서 우리의 미래를 결정하셨다는 의미는 무엇인가? 우리를 세상 가운데 던져 넣으셨다는 의미가 아니다. 우리가 아무것도 생각하거나 판단하거나 결정하지 못하게 하였다는 의미가 아니다. 하나님은 우리 인간의 특성을 드러내는 진실함과 순수성과 결정을 존중하신다. 하나님은 우리를 사랑하여서 선한 일을 수행해 나갈 수 있게 해 주셨다. 베드로 전서에는 우리가 희망을 가지되 하나님의 유산을 물려받을 것이요, 사랑스러운 자녀들을 위해서 예비해 두신 것들을 누리게 될 것이며, 하늘의 운명을 우리에게 펼쳐놓으셨다고 말한다.

우리 주 예수 그리스도의 아버지 하나님을 찬송하리로다 그의 많으신 긍휼대로 예수 그리스도를 죽은 자 가운데서 부활하게 하심으로 말미암아 우리를 거듭나게 하사 산 소망이 있게 하시며 썩지 않고 더럽지 않고 쇠하지 아니하는 유업을 잇게 하시나니 곧 너희를 위하여 하늘에 간직하신 것이라
너희는 말세에 나타내기로 예비하신 구원을 얻기 위하여 믿음으로 말미암아 하나님의 능력으로 보호하심을 받았느니라

하나님의 선택은 은혜를 베푸는 가장 중요한 요소가 된다. 우리 인간이 관심도 없고 깨닫거나 이해할 능력도 없는 구원을 받을 수 있도록 하나님의 권능으로 보호하고, 믿음을 통해서 예비하신 것들을 마지막 날에 펼쳐 보이셨음을 알게 하신 것이다. 선택 받은 자들의 구원은 확실하다. 구원의 확신을 가질 수 있는 것은 바로 우리가 선택한 것이 아니라 하나님이

택하셨기 때문이다.

　그렇다면 선택을 받지 못한 자들은 어떠한가? 불신자들은 구원받지 못하는가? 칼뱅은 이들이 '버림을 받은 자'라고 간주하였다. 하나님은 오직 선택한 자들에게만 확실하게 마지막 날까지 책임을 져 주신다. 그렇다면 버림받은 자들의 종착점에 대해서 최종 책임을 져야 할 자는 누구인가? 그들 자신들이 자기 마음으로 죄와 연계해서 살았기 때문에 그들은 벌을 받아야 마땅하다고 보았다. 물론 그 배후에서 그들을 소망 없이 살도록 작정하신 분이 하나님이다. 휴머니즘에 입각해서 살아가는 많은 사람은 이것이 불공평하다고 말한다. 왜 선택받은 사람들에게는 구원의 은총을 베풀어주면서 버림받은 자들에게는 희망과 사랑을 주지 않느냐고 반문한다. 이런 불신자들의 도전에 대해서, 칼뱅은 우리에게 하나님은 모든 사람에게 사랑과 정의로움으로 대하고 계시다고 답변한다.

3
힘을 주시는 하나님

칼뱅은 인간의 구원이란 그 자체가 바로 궁극적인 목적이라고 생각하지 않았다. 우리가 구원을 받게 된 것은 우리 인간을 위해서만 주신 것이 아니라, 하나님께 영광을 돌리게 하고 존귀하신 하나님께 감사를 드리고자 하심이라고 풀이하였다. 따라서, 선택을 말함에 있어서도 하나님이 우리를 알고 우리를 건져내어서 구원해 주셨다라고만 하는 것은 터무니없이 부족하다. 선택은 하나님께서 우리를 택하고 이 세상을 구원하고자 완전히 새로운 능력을 불어넣어 주사 특별한 생명을 누리는 삶을 살아가게 하신다는 강력한 확신을 포함하는 것이다.

하나님께서 우리에게 능력을 불어넣으신다는 것은 선택이 지속적으로 진행되고 있다는 인식을 하게 하는 요소이다. 에베소서 1장 4절에 의하면, 하나님은 이 세상의 창조 이전에 우리를 선택하였다고 말씀하였는데, 우리의 구원의 진행과정은 아직 완전히 끝이 난 것이 아니다. 날마다 하나님의 능력이 부어짐으로써 진행되고 있는 것이다. 점진적으로 그리스도를 닮아서 성장하고 있는 것이다.

어떤 사람들은 선택받았다는 것을 마치 높은 지위, 특수한 신분, 영적인 특권을 누리는 자리에 부름 받은 것인 양 착각하는 경향이 있다. 그러나 선택은 특별한 봉사를 위해서 구별되었다는 것으로 풀이해야만 한다. 선택되었다는 것은 하나님을 영화롭게 하고 다른 사람들을 위해서 살도록 부름을 받았다는 말이기 때문이다. 하나님의 부르심에 대해서 반응하는 것은 도덕적인 목적을 절실하게 느끼면서 놀라운 힘을 체험하는 것이다.

칼뱅의 선택교리는 교회 안에서 일반적인 평신도의 신앙생활을 위해서 구체적으로 시사하는 바가 크다. 중세기 로마 가톨릭 교회에서는 단지 독신으로 살아가는 수도자들만이 참된 기독교인의 소명에 맞춰서 살아가고 있다고 생각하였다. 일반 성도들은 하나님의 부르심을 완성하는 데, 쓰임 받는 데 있어서도 부수적이라고 생각하였다. 그러나 칼뱅의 선택교리는 완전히 모든 일반 성도의 직업을 직접적으로 하나님의 목적에 연계시킴으로써 참된 기독교인의 직업에 의미를 부여하게 되었다. 칼뱅은 하나님이 모든 사람에게 이 세상의 파수꾼으로 사명을 부여하셨다고 강조했다. "이 소명으로부터, 단 하나의 위로만이 떠오른다. 하나님께서 그대의 소명에 부르신 것은 결코 천한 것이 아니요 가장 기본적인 것이다. 비록 빛나는 광채가 없을지라도 하나님의 관점에서 보면 매우 소중한 것으로 여겨진다"『기독교강요』 III.x.6. 칼뱅은 한 성도가 하는 것은 무엇이든지 하나님의 영광을 위해서 하는 것이 된다고 강조하였다.

선택의 능력을 부어주신 것은 자유의 선물과 관련을 맺고 있다. 하나님께서 능력을 부어주신 것은 결국 인간 존재를 자유하게 한 것이요 책임을 갖게 한 것이다. 인간은 자유롭고도 책임 있는 존재가 되었다. 하나님께서 선택하신 것을 강조한 칼뱅을 일컬어서 자유의 신학자라고 부르는 것은 매우 생소한 호칭이라고 생각될 수 있을 것이다. 그러나 칼뱅의 사상에는 인간의 자유함에 대한 여지가 많이 남겨져 있음을 주목하지 않을 수 없다. 그런데 이 자유함은 칼뱅의 신학에서 매우 중요한 부분을 차지하고 있다.

첫째로, 참된 자유는 우리가 피조물로 만들어질 때에 주어진 자유함이다. 하나님은 사람을 자신의 형상에 따라서 만들었다. 따라서 칼뱅은 그 형상을 파괴하는 것은 어떤 것이라도 죄라고 믿었다. 하나님의 형상이 파괴되면 자유는 사라지고 노예와 같이 된다. 자유는 순종의 자유함이다. 참된 자유는 하나님께 자유롭게 봉사하도록 우리를 지켜주는 죄로부터의 자유가 있어야만 가능하다.

둘째로, 우리는 창조주에 의해서 지음을 받았기 때문에 우리 스스로 자유로운 존재인데, 다른 사람들의 양심의 자유를 얽매이게 할 수 없다. 왜 양심의 자유가 칼뱅에게서 중요한가? 다른 사람의 양심을 마구 짓밟아버리는 것은 궁극적으로 하나님의 특권에 대한 침해가 된다. 창조주 하나님만이 인간의 양심에 대해서 탁월한 주장을 하실 수 있다. 인간의 양심은 하나님이 정한 기준과 우선순위에 따라서 결정되어야만 한다. 정부기관이나 교회의 성직자들이나 다른 어떤 권위에 의해서도 강요되어서는 안 된다. 그래서 국가의 공법이 있어서 개인의 편견에 따르지 않도록 조정하는 것이다. 예를 들면, 판사는 자신의 소신이나 개인적인 선호가 있을 수 있지만, 국가적으로 공식화된 법에 근거해서 판결해야 한다. 그 어떤 것이라도 영향을 미쳐서 월권을 행사하게 되면 진정한 양심의 자유는 짓밟히고 만다.

인간은 하나님의 형상에 따라서 지음 받은 존재이다. 하나님께서는 개개인에게 인식능력과 분별력을 주셨다. 의견과 판단과 결정권을 각 사람마다 주셨다. 사람을 선하게 창조하신 하나님께서 거룩하게 판단하고 느끼는 능력을 주셨다. 하나님은 그리스도 예수 안에서 우리를 선택하셨는데, 이 말은 우리들 각자가 선택하는 일에 있어서 하나님께 의미 있는 결정을 해야 한다는 말이다. 하나님과의 관계 외에 다른 것을 우선순위에 넣어서는 안 된다.

4
택함받은 자의 윤리적 삶

선택과 버림으로 각각 이중적으로 예정했다는 교리가 칼뱅에게서 발전된다고 일부에서는 주장하기도 하고, 일부에서는 비판하는 자들도 있다. 하나님께서 어떤 사람에게는 호의를 베푸시지만, 다른 사람들에게는 두렵기만 한 정죄를 내리기로 결정한 바가 이미 세상이 만들어지기도 전에 내려졌다는 예정교리는 이성주의자들에 의해서 도전을 받았다. 확실한 것은 모든 사람이 다 선하고 착하지 않으며, 한쪽으로 치우쳐 있다는 사실이다. 하나님께서는 어떤 자들에게는 영원한 생명을 주시기로 하시고, 어떤 사람들은 영원한 지옥에 던지기로 작정하셨다.

먼저 기억해야 할 것은 이중예정 교리를 말한 최초의 신학자가 칼뱅이 아니라는 사실이다. 이 교리는 아우구스티누스에게서 물려받은 것이고, 성경에 기초한 것이다. 루터와 부서를 비롯해서 16세기 종교개혁자 중 주요 신학자들이 받아들인 교리이다. 다만, 취리히의 종교개혁자 울리히 츠빙글리는 이방인 가운데서 구원 얻을 자가 있다고 주장하면서 소크라테스 같은 철학자를 예로 들었으며, 그의 후계자 하인리히 불링거는 영생에 이르는 단 하나의 예정만을 설교했다. 하나님께서는 긍정적으로 구원에 이르는 작정만을 하시고, 멸망에 이르는 자들에 대한 재앙에 대해서는 명확하게 말씀하지 않았다고 주장했다.

단 하나의 구원에 이르는 예정이라는 교리는 논리적으로 불충분하다고 칼뱅은 생각했다. 일부의 사람들을 구원에 이르도록 결정했다는 것은 그 반대편에 속한 사람들에게는, 즉 구원 밖에 놓인 사람들에게는 저주가 선포되었다는 말이다. 만일 버림을 받은 자들에게도 선택의 기회를 주어야 한다고 말한다면, 그것은 하나님의 절대적 주권에 도전하는 것이라고 칼뱅은 받아들였다.

칼뱅이 주장한 예정론은 각 개인이 하나님과의 관계에서 무관하게 살 수 없다는 것을 가르치는 교리이다. 하나님의 선택은 하나님으로부터 나오는 축복이 그의 백성들을 통해서 이 지상의 모든 민족에게 퍼져나가야 한다. 그리고 선택의 교리는 윤리적으로 깨어 있어야만 한다는 것이 핵심적인 가르침이다. 우리가 어떤 삶을 살아가느냐는 것은 선택 받은 자들의 인식과 사명감을 통해서 발휘되어야 하는 중요한 축복의 내용이다. 다른 사람에 대해서 어떻게 대하느냐 하는 것과 우리가 어떤 일을 어떻게 감당하느냐 하는 것 등은 모두 다 하나님

의 선택을 어떻게 존중하느냐와 연결되어 있다. 우리가 누구
인가를 생각하면서 자신이 특별한 하나님의 선택을 받은 자
라고 확신하게 된다면 우리가 어떻게 살아야 하는가를 깨우
치게 되는 것이다.

5
끝없이 지속되는 논쟁들

현대 신학자 가운데 스위스 바젤대학교 칼 바르트는 칼뱅의
이중예정론에 대해서 재해석을 내놓았고, 그것을 받아들이는
자들도 상당수 존재한다. 바르트는 그리스도 예수 안에서 모
든 사람이 다 선택을 받았다는 보편선택설을 주장하였다. 흑
인신학자 제임스 콘은 이중예정이라는 교리는 비인격적이라
고 주장한다. 21세기에 접어들어서 포스트모더니즘에 입각한
종교다원주의자들은 모든 토착종교까지도 포함하는 종교혼
합주의에 빠져 버렸다. 단순히 칼뱅의 신학에 대해서 재해석

하는 정도를 넘어서서, 기독교 유일성에 심각하게 도전하는 현대주의자들이 기독교에 대한 재해석을 내놓았다.

칼뱅의 신학사상 중에서 가장 오해를 받고 있는 부분이 예정론과 선택에 관한 교리이다. 이 교리가 칼뱅에게 가장 핵심이요, 중요하였다고 강조를 한 사람은 1868년 괴팅겐 신학자 리츨Albrecht Ritschl이었다. 그러나 이런 해석은 과장이요, '중심교리'를 세우고자 했던 19세기 신학자들의 방법론을 그대로 칼뱅에게 투사해서 만들어낸 이론이라는 비판을 받고 있다. 어떤 사람에게서 중심사상을 찾으려는 방법론이 널리 영향을 발휘했다. 그래서 칼뱅에게서도 가장 핵심되는 중심주제를 하나만 택해서, 그것과 다른 모든 것을 연결시켜놓았다. 이런 학문방법으로 볼 때에는, 예정의 교리가 마치 모든 자물통을 열 수 있는 만능키와 같이 되어 버린다. 예정론은 기독교의 모든 진리를 다 풀어주는 만능키가 아니다.

칼뱅이 예정론을 하나의 항목으로 취급한 것은 1537년이었는데, 아주 간략하게 만들어진 「제네바 요리문답」에 집어넣었다는 것 외에는 따로 큰 의미를 두기가 어렵다. 프랑수아 방델은 『기독교강요』에서 점차 예정론이 비중 있게 다루어졌지만, 칼뱅의 핵심교리라고 하기에는 어렵다고 평가하였다.[31] 그 어떤 하나의 주제와 중심 교리에 근거해서 전개한 것이 아니라, 성경의 여러 가지 가르침을 종합적으로 제시하고자 정리했던 칼뱅은 『기독교강요』에서 적어도 26가지 이상의 핵심주제들을 다루고 있다. 오히려 예정론을 중심교리로 다룬 사람은 독일 루터파 신학의 필립 멜랑톤이었다. 예정론이 칼뱅주의 신학의 대명사가 된 것은 알미니우스와 논쟁하게 된 베자와 그 후 개혁주의 신학자들의 시대에 이루어진 것이다. 1618년 돌트 신경에 담긴 5대 교리가 바로 예정론을 핵심주제로 다루고 집약한 정통 개혁주의 구원론의 재구성이었던 것이다.

예정론이 마치 칼뱅의 대표적인 신학사상이라고 거론되는 이유는 칼뱅이 휘말린 논쟁으로 인해서 빚어진 결과이다. 그는 하나님의 영광과 존귀함을 높이려는 그의 신학에 저항하면서 직접적으로 비난하고 공격해오는 경우에는 단호히 대처하였다. 카스텔리오와는 정경에 대해서 논쟁하여 추방시켰고, 아모Ameaux와는 개인적인 권징에 대해서, 피기우스와 볼섹과는 예정에 대해서, 베르틀리에는 성만찬에 관련된 권징으로, 세르베투스와는 삼위일체에 대해서 논쟁하면서 잘못된 교리를 철저히 추방하려고 하였다. 로마 가톨릭의 교리들과 전통에 대해서, 루터파와 제세례파의 급진성에 대해서도 끊임없는 논쟁을 벌였다.

칼뱅 신학의 대명사처럼 인용되고 있는 예정론은 너무나 왜곡되게 알려지고 말았다. 특히 그 역사적 맥락과 상황을 전혀 고려하지 않은 채, 몇 구절을 인용하는 자들로 인해서 이 교리의 순수성과 진정성이 크게 훼손되고 말았다. 선택에 관한 가르침은 성경 전체에 걸쳐 나타난다. 하나님이 이스라엘과 교회를 택하셨고, 그리스도 안에서 우리를 택하셔서 성령으로 우리와 함께하신다눅 3:22, 눅 9:35, 사 42:1, 마 27:43, 롬 9:11,13.

첫째, 예정론 논쟁을 불러일으킨 장본인은 로마 가톨릭 교리에 따라서 자유의지와 인간의 결단에 의해서 형성되는 믿음을 주장하던 제롬 볼섹이었다. 시대의 혼란과 사상적인 충돌이 불가피하던 종교개혁의 시대는 누구도 정돈된 교리를 완전히 제시하지 못하고 논쟁에 빠져 있었다. 제롬 볼섹은 프랑스 출신으로 베른시 당국이 지배하던 곳에서 의사로 일하면서, 가끔 제네바와 들어와서 성경공부와 강해시간에 참석하던 회중교인이었다. 정식으로 제네바 교회의 회원은 아니었다. 1551년 5월, 그는 칼뱅의 예정론 교리에 대해서 비판했다.[32] 이 날은 다른 목사가 이 교리를 설명하였는데, 볼섹이 나서서 개인적으로 질책을 하면서 교정하고자 했다.

그로부터 5개월 후에 다시 회중모임에서 칼뱅은 자신의 견해를 반복하면서 확산시키고자 했다. 칼뱅이 격렬하게 볼섹을 논박하자, 그 자리에 입회하고 있었던 시청 사법부의 관리가 볼섹을 즉각 체포하여 재판에 회부하였다. 죄목은 칼뱅과 파렐의 가르침에 대해서 비난하여 교회의 질서를 파괴한다는 것으로서, 당회의 기준에서 볼 때에 용납될 수 없었다. 주변 도시의 여론은 볼섹에게 호의적이었다. 칼뱅은 이 문제를 잘못 처리하다가는 개신교 전체의 교리가 위험에 빠져들 가능성이 크다는 것을 점차 인식하게 되었다. 제네바 시의회의 실권자들도 칼뱅을 꺾으려 기회를 노리고 있던 중 칼뱅에게 반대하는 자가 나타나면서 동지의식을 발휘하였다.

칼뱅은 구원에 이르도록 선택을 받았다는 것을 강조하면서 시종일관 하나님의 은혜를 근거로 한다. 인간의 믿음을 원인으로 삼아서 구원하는 것이 아니다.[33] 제롬 볼섹이 최종적인 구원의 확신은 믿음이 보장한다는 주장을 펴자 칼뱅은 도리어 하나님의 전지함과 예지prescience를 더욱더 강조하였다. 로마서 8장 29-30절에 보면, 하나님은 믿음을 가지게 될 자들을 미리 알고 계시고, 그리하여 그 선택하거나 저주하는 일을 하신다. 훗날 베자가 정리한 것과 같이 하나님의 영원한 작정 eternal decree에서부터 시작하는 체계화 작업은 칼뱅의 저작에서는 발견하기 어렵다.[34] 마치 하나님을 영원한 독재자이자 전제군주로 만들어버리는 딱딱하고 무미건조한 해석은 칼뱅의 글에서는 찾아보기 힘들다.

1551년 「볼섹에 대한 반박 설교」에서, 칼뱅은 하나님의 선택이 인간의 믿음보다 앞선다는 것을 강조하였다.[35] 볼섹은 로마 가톨릭의 해석을 근거로 해서 선행과 자유의지의 기여를 주장하였기 때문에, 하나님의 은혜를 가볍게 취급하는 가르침이 퍼져나가게 된다면 제네바 성도들이 혼란을 일으킬 수 있었다. 그래서 칼뱅은 철저하게 차단해 버린 것이다. 만약 우리가 우리의 구원에 책임을 져야 하거나 협력해야 한다면, 위로와 확신과 소망이란 있을 수 없다. 우리의 위로는 궁극적으로 구원의 최종 목표가 되는 최후 부활로서 실현된다. 선택의 목적은 하나님의 은혜로 구원과 영원한 생명과 불멸을 얻는 데 있다「기독교강요」 III.xxiv.5. 칼뱅의 선택과 예정에 대한 강조는 당대 종교개혁자들 사이에서는 널리 알려진 것들이지만, 그 강조와 적용에 있어서는 가히 독창적이다. 1525년에 나온 루터의 『의지의 노예Bondage of the Will』라든가, 부서와 버미글리의 글에서 강조되던 것들과 크게 다르지 않은 내용들이다. 그 어느 누구보다도 강렬하게 이 가르침이 성도들의 마음속에 빛을 발휘하도록 열정적으로 다루었다. 칼뱅이 볼섹을 배척하는 것은 아우구스티누스가 펠라기우스를 반대하던 것과 같은 강렬함이 느껴진다.

제네바에서 참담한 실패를 한 뒤, 칼뱅에 대한 적개심을 품고 다시 로마 가톨릭의 품으로 돌아간 볼섹은 『칼뱅의 생애 Life of Calvin』를 1577년에 출판하여, 칼뱅이 가장 불신앙적인 이단이요 독재자라서 두려움과 불안 속에 죽어갔다고 써 놓았다.[36] 가능하면 더 많은 칼뱅주의자들의 실수와 오류를 지적해서 사람들을 로마 가톨릭으로 다시 돌아오게 하려는 의도에서다. 칼뱅을 양심도 없는 이단자로 규정하였고, 이단사냥꾼이라고 하는 등 차마 입에 담지 못할 욕설과 근거 없는 비난으로 일관했다. 당대에 누구도 이런 책에 대해서 동조하는 신학자들은 없었다.

둘째, 예정으로서의 선택은 구원에 관계된 마지막 주제로 정리되어 있고 『기독교강요』 제3권 21장-24장에서 성령의 내적 사역에 관한 교리로서 구원의 확신을 다루면서 중점적으로 취급하였다. 칼뱅은 이 교리의 일부를 하나님의 섭리(1권 16-18장, 4권 18-20장)를 설명하면서 로마 가톨릭의 7성례를 비판하는 부분에서도 언급하였다.

하나님의 선택을 강조하는 것은 결국 인간의 공로가 구원의 근거가 될 수 없다는 것이다『기독교강요』 III.xxii.2. 선택은 인간 밖에서 일어나는 구별이며, 선별이다. "따라서 하나님께서 자신의 양자들로 삼으신 자들을 가리켜 그들 자신들 속에 무슨 가치가 있어서 선택되었다고 하지 않고, 하나님의 그리스도 안에서 선택되었다고 한다"『기독교강요』 III.xxiii.8. 창세 전에 선택하셨다는 말은 조건이나 규정에 얽매이지 않고 하나님의 긍휼과 은혜에 근거한 것이다. 칼뱅은 예정교리가 하나님의 단독사역monergistic이지만, 선험적이며 사색적인 신학체계로 규정하지 않고, 구원사의 경험을 포함하는 것으로 본다. 칭의와 성화는 예정으로 인해서 확신을 갖게 된다. 그 반대 방향으로 전개하지 않는다. 선택의 원천은 열매들로서 나타난다. 예정을 구원의 출발점이나 기초로 삼지 않았다.

에베소서 1장 5절 이하의 성경주석에서도 『기독교강요』에서 사용된 용어를 그대로 풀이하였다. 예정을 설명하면서 유념해야 할 네 가지 원인들을 구분한다. 충분한 원인the efficient causes은 하나님의 선한 뜻이다. 물질적인 원인the material causes은 예수 그리스도다. 최종 원인the final causes은 하나님의 영광을 찬미하는 것이다. 구성적인 원인formal causes은 하나님의 선하심을 흘러넘치게 하는 복음 전파이다.[37] 앞에 두 주제는 『기독교강요』의 처음 두 권에서 설명되고 있고, 나중 두 주제는 제3권 예정을 다루는 항목에서 풀이된다. 제3권의 배열은 그리스도 안에서 연합을 이루는 성령의 적용사역인데, 믿음, 회개, 성화, 칭의, 선행과 확신, 그리스도인의 자유, 기도, 선택이 주는 위로, 최후부활이다.

선택에 관한 설명 다음은 3권 25장 불멸과 부활로 이어진다. 구원론에서 20장 기도와 21장 선택이 서로 긴밀하게 연결된 것은 선택의 목적에 관계된다. 성도의 성화와 기도에 관한 설명 이후에 선택을 다루는 이유는 "거룩하고 흠이 없이 살도록" 선택되었기 때문이다『기독교강요』 III.xxiii.12. 성도는 선택의 교리를 배우면서 구원의 위로와 확신을 얻으며, 하나님께 영광을 돌리게 된다. 만약 우리가 우리 자신의 구원에 책임이 있거나 공동책임을 져야 한다면 위로란 있을 수 없다. 우리는 기도로써 우리가 하나님께 철저히 의존해 있다는 것, 더욱 거룩하게 살고자 하는 다짐을 하면서 겸손하게 되고, 경건하고자 하며, 한걸음 더 나아가서 만민에게 복음을 전하려는 소원을 가지게 된다. "비록 만물이 우리를 저버려도 자기 백성의 기대와 인내를 저버리실 수 없는 하나님은 우리를 결코 버리시지 않을 것이다"『기독교강요』 III.xx.52. 그리고 마지막으로 "선택의 목적은 우리 하나님께서 양자로 삼으신 우리에게 은혜로 구원의 불멸을 얻도록 하시는 것이 아니면 다른 무엇이 있겠는가?"『기독교강요』 III.xxiv.5. 우리의 위로는 궁극적으로 최후 부활로서 실현된다. 선택의 목적은 우리가 하나님의 은혜로 구원과 불멸을 얻는 데 있다. "예정을 올바로 이해하면 믿음이 흔들리지 않고, 매우 든든히 서게 된다"『기독교강요』 III.xxiv.9.

셋째, '그리스도 안에서의 선택'을 크게 강조하였다. 칼뱅에

의하면, 예정이란 "하나님이 각 사람을 어떻게 대하실지를 결정하신 영원한 작정"이다『기독교강요』Ⅲ.xxi.5. 창세 전에 그리스도 안에서 이루어진 선택엡 1:4에 대해서 22장과 24장에서 성경적 해석을 자세히 다루고 있다『기독교강요』Ⅲ.xxii.1, Ⅲ.xxiv.5-7. 구원의 깊이는 그리스도 안에 있기에, 든든한 뿌리와 확실성이 보장된다. 칼뱅은 추상적이고 형이상학적인 영원과 시간에 관한 논리적, 추상적, 차서적 작정 논의를 일체 배척한다. "창세 전에"라는 말은 우리가 알 수 없는 먼 과거에 이루어진 구원에 관한 결정을 가리키는 것이 아니라, 우리가 받은 구원의 깊은 차원을 의미하며, 그리스도 안에 들어 있는 뿌리와 확실성을 지적하는 것이다. 선택의 방법은 그리스도와 분리할 수 없다는 것이다. 오직 그리스도가 이루신 일을 돌아보면, 우리의 선택이 멀리 떨어져 있지 않고, 우리 가까이에 있음을 발견하고 위로와 평안과 기쁨을 얻는다.

하나님은 그리스도 안에서 그들을 사랑하실 수 있기 전에는, 그리고 그들이 그리스도와 함께 그 나라를 상속할 자가 되어 있지 않으면 그들에게 그 나라를 유업으로 물려주실 수 없기 때문이다. 그러나 만약 우리가 그리스도 안에서 선택되었다면 우리 자신에게서 선택의 확신을 찾아서는 안 된다. 그리고 만약 하나님을 그 아들과 단절하여 생각한다면 심지어 성부 하나님 안에서도 선택의 확신을 찾을 수 없다. 그리하여, 그리스도는 우리가 스스로 속지 않고서 우리의 선택을 비춰보아야 할 거울이다. _『기독교강요』 III.xxiv.5

넷째, 칼뱅이 선택에서 강조하는 것은 찬송과 영광과 감사를 하나님께 돌리려는 것이다. 우리는 하나님의 의지와 권능을 생각할 때에 그리스도 안에서 나타난 선하신 뜻과 자비하신 의지와 신실성을 생각해야 한다. 선택은 은혜에 관련하는 조항이고, 유기는 완고한 사람의 죄와 관련된다. "정죄는 그 원인이 하나님께 있지 않고, 그 사람 자신에게 있다. 왜냐하면 사람이 멸망하는 이유는 그가 하나님의 순수한 창조에서 악과 부패로 떨어진 데에 있기 때문이다"『기독교강요』 III.xxiii.9. 하나님이 자신의 죄에 책임이 있다고 말해서는 안 된다. 각자는 자신의 행위에 대한 책임을 피할 수 없다. 불신앙의 죄를 직접 하나님의 작정과 연관시킴으로써 이성적으로 설명하고자 하는 것은 인과율에 빠진 것이다.

현대 칼뱅학자들의 논쟁은 계속되고 있다. 칼뱅의 예정론을 놓고서 바르트, 반틸, 벌카워의 논쟁은 참고할 만하다. 칼 바르트는 그리스도께서 오직 선택된 자들만을 위해서 죽으셨다는 칼뱅의 예정론을 '기쁨 없는 교리'라고 비판하면서 보편주의로 확장한다. 바르트는 보편구원론은 배척하지만, 하나님의 결정이 전능하다는 사실에 비추어서 불신앙은 불가능한 일이 된다. 칼뱅의 예정론을 따르게 되면 하나님의 결정과 인간의 결정인 불신앙이 서로 경쟁자가 된다고 보았다. 바르트는 칼뱅의 '기쁨 없는 교리'를 비판하면서도, 칼뱅의 가장 큰 관심이 집중되는 곳을 제대로 파악하지 못하고 말았다. 즉 그리스도 안에서 선택을 위로와 확신을 주는 교리로서 강조하려는 의도를 간파해 내지 못했다. 반틸은 스스로 존재하시는 하나님과 그의 작정을 출발점으로 생각하지 않는 바르트의 변증법적인 신학은 정통신학이 될 수 없다고 비판한다. 신학의 출발점은 창조와 섭리의 사역을 통해 집행된 세상에 대한 하나님의 일반적 계획에 두어야 한다고 주장한다. 벌카워는 바르트와 반틸 모두를 비판하면서 작정신학이 인과율에 매여

있고, 추상적인 형이상학이라고 배제한다.[38]

하나님은 무법자가 아니다. 교회는 하나님의 선택을 받은 사람들의 모임이지만, 동시에 진정으로 구원을 받지 못한 자들도 함께 포함되어 있는 혼합된 조직이라는 것이 기본적인 개념이다.

다섯째, 칼뱅이 선택에 관한 교리를 구원론의 결론으로 설정한 이유는 로마서 9장 11절에 따르고자 함이다. 즉, 성경에 그렇게 가르치고 있다는 판단에서 나왔다. 칼뱅에게는 특히 로마서 9장이 선택을 이해하는 성경적인 근거이자 배경이다. 여기에는 구원론과 송영이 예정을 논하는 배경이 되고 있다. 칼뱅이 스트라스부르에 있던 1539년 처음으로 성경 주석을 펴냈는데 바로 로마서 주석이었고, 그가 얻은 로마서의 가르침을 근간으로 하여 2판 『기독교강요』는 완전히 다른 모습으로 보강되어진다. 칼뱅은 로마서 9장 11절 주석에서 하나님이 '토기장이'로서 질그릇을 빚어내는 분이시며, 이스라엘을 택하고, 개개인을 결정하는 특별한 목적을 가지고 계신다는 설명에 주목한다. 하나님께서는 바로 왕에게 남다른 역할을 맡기셨으니, 하나님의 비밀스러운 섭리라는 근거에서부터 선택이 출발했다.[32] 태어나기도 전에 "에서는 미워하시고, 야곱은 사랑했다"롬 9:13. 사람의 공로와 업적에 의존하는 것이 아니라, 오직 순수하게 하나님의 은혜에 기초하며, 선택의 과정과 섭리의 진행을 통해서 밝혀 드러난다. 칼뱅은 섭리와 선택을 아주 긴밀하게 연결시켰다. 초판『기독교강요』에서는 섭리와 예정이 함께 다루어졌지만, 곧바로 이 순서를 대폭 수정했다. 그리고 그 순서는 그대로 확정되어서 1559년 최종판 제1권 16-18장에서는 피조물들을 향한 하나님의 뜻을 설명하고자 섭리를 다루었다. 제3권 21장 이후에 구원론의 마지막에서 예정을 다루는 것은 피조물을 향한 하나님 앞에서 피조물의 위치를 파악하도록 하되, '코람 데오(하나님 앞에서)'의 상황을 풀이한다.

여섯째, 칼뱅은 모든 사람을 향한 전도와 선교사역을 매우 중요시하였다. 하나님은 모든 사람의 아버지이며 모든 사람에게 사랑을 베푸신다. 칼뱅의 신학에서 선택교리는 선교의 당위성을 강조하게 된다. 유기된 자들은 오직 하나님께서만 아시며, 따라서 우리는 그 어느 누구도 유기된 자로 간주해서는 안 된다『기독교강요』 III.xxiii.13-14. "만일 사람들에게 '당신이 믿지 않는다면 그 이유는 당신이 이미 하나님의 뜻에 의해서 멸망 받기로 작정되었기 때문이다'라는 식으로 말한다면, 그는 나태를 조장할 뿐만 아니라, 악한 마음까지도 일으키는 것이다. 듣는 자들이 이미 정죄 받았기 때문에 믿지 않을 것이라는 말을 미래에까지 확대하는 것은 가르침이 아니라 저주가 될 것이다"『기독교강요』 III.xxiii.14.

칼뱅은 숙명론과 결정론을 구체적으로 모두 배척한다. 과거의 작정에 기초하여 포기하지도 않으며, 미래의 위협을 내세우는 공허한 추상적 교리도 원치 않았다. 현재의 순간에 문을 열어 놓은 선택 교리를 가르치고자 하였다. "따라서 우리는 만나는 사람마다 우리의 평화에 참여하는 자로 만들려고 노력해야 한다"『기독교강요』 III.xxiii.14. 하나님의 일반적인 부르심, 즉 외적인 부르심은 복음전파를 통해서 모든 사람이 차별 없이 자기에게로 초대하시는 것이다『기독교강요』 III.xxiv.8. 복음으로의 부르심은 멸망 받을 자들에게는 죽음의 냄새요 두려운 정죄의 원인이다. 선택을 올바로 전하고 믿을 경우에 사람이 비로소 겸손해지고 교만하지 않게 된다. 하나님의 주권적 은혜 아래 겸손히 믿음을 고백하게 되며, 무릎을 꿇는 자세를 갖게 된다. 우리가 선택되었다고 해서 다른 사람들을 판단하는 것은 있을 수 없는 행동이다.

볼섹과 칼뱅의 논쟁이 끝난 후에, 1555년 피터마터 버미글리는 칼뱅의 예정론이 무엇이냐의 질문을 보내왔다. 이에 베자가 『예정표*Tabula Praedestinationis*』를 발표하였고, 1582년에 다시 『예정론에 관하여』로 개정판을 냈다. 칼뱅은 베자가 자신의 교리를 보충해 주었다고 생각하여 베자의 저술에 대해서 아무런 언급을 하지 않았다. 베자에게서 나온 타락 전 선택설은 최근 논쟁을 불러일으키고 있다. 작정을 전면에 내세우게 되면서, 예정과 타락과의 관계를 다루게 된 것이다. 이 문제는 1618-1619년 돌트 신경을 작성하면서 '칼뱅주의 5대교리'가 가장 뜨거운 쟁점이 되었고, 고마루스, 마코비우스, 보에티우스, 튜레틴, 카이퍼, 바빙크, 훅스마, 벌코프, 반틸 등으로 이어진 개혁주의 정통신학은 온건하든 강경하든 작정신학을 지켜오고 있다. 1690년대에는 루터파 신학자 하노버와 개혁파에서는 베자와 잔키우스가 만나서 연합방안을 모색하였는데, 여전히 작정교회에 대한 이견차이가 컸지만, 예정론에 대해서는 큰 차이가 없었다. 칼뱅 사후에 백 년이 지나는 어간에, '칼뱅과 칼뱅주의자들' 사이의 차이점이 바로 그리스도 중심의 신학이냐 예정론 중심의 신학이냐로 나뉘고 있다는 지적이 나왔다. 그러나 이것은 칼뱅과 칼뱅의 후계자들과의 사이를 지나치게 격리시키고 있는 해석이다.[40]

세창사상가산책 | JEAN CALVIN

6

인간의 본질은 무엇인가?

인간의 영적인 본질에 대해서 '전적 부패'했다고 칼뱅은 일관되게 주장했다. 인간의 영적인 본질은 전적으로 타락하여서 구원에 이를 수 없다는 성경적인 개념을 강조한 것이다. 칼뱅의 인간론은 하나님의 형상으로 지음 받았다는 것을 강조하면서도, 원죄의 영향으로 크게 훼손되어서 전혀 작동하지 못한다는 성경의 선언을 근거로 한 것이다.

칼뱅이 살던 시대는 왕이나 귀족과 평민과 하층 노예가 존재하던 시대였지만, 상층부 지배자와 귀족을 포함하여 모든 사람에 대해서 냉철한 분별력을 발표한 것이다. 인간의 본질은 전혀 다르지 않았지만, 현실세계에서는 평등한 인권을 보장받지 못했다. 사람답게 대우받지 못하여 억울하고 답답한 일이 많았다. 왕권신수설, 귀족 계급의 지배와 통치, 노예와 여성에 대한 차별이 극심하여 사회적 불평등의 구조 속에 있었다. 평민으로 태어난 사람들이나 장애인들이 존중을 받는 복지국가는 전혀 상상조차 할 수 없던 시대였다. 오늘날 우리가 거부하는 인종적 편견과 차별이 극도로 심했고, 인권에의 존중과 생명의 존엄함에 대한 인식이 형편없었다. 하지만, 성경적으로 사람의 본질이 무엇이냐에 대해서 이해하는 것은 크게 다르지 않았다.

칼뱅의 인간론은 참된 지식의 연관성, 연계성, 관계성을 매우 중요시하였다. 하나님과 인간, 창조주와 피조물 간의 관계성을 크게 강조한다. 칼뱅의 신학사상에서 가장 기초를 이루고 있는 매우 중요한 부분은 바로 창조주 하나님과 피조물 인간과의 떼려야 뗄 수 없는 관계성이다. 그가 펼쳐낸 기독교적인 인간 본성은 독립적으로 자율적으로 따로 있는 것이 아니다. 칼뱅은 하나님에 대한 지식과 인간에 대한 지식으로 이루어진 것이 참된 진리의 총체라고 하였다. 따라서 인간이 무엇이냐에 대한 칼뱅의 해석은 매우 중요한 부분을 차지하고 있다.

인간의 본성에 대한 진단과 평가는 신학자들만이 아니고 철학자들 사이에서도 첨예하게 대립하고 있다. 기독교 신학에서는 인간의 본질적인 요소에서 죄의 문제를 심각하게 직시하고 있다. 인간의 본성적인 죄성을 깊이 주목한 칼뱅은 인격 전체에 심각한 영향을 미치고 있는 본성의 상태란 '전적 부패' 혹은 '총체적 타락'이라고 규정하였다. 그래서 훗날 휴머니즘에 근거한 인본주의자들은 칼뱅에 대해서 혹독한 신학자 혹은 불쾌한 신학자라는 평을 하기도 했다. 적어도 하나님 앞에 선 인간에 대해서 생각하는 한, 칼뱅은 인간의 본성을 긍정적으로 그려낸 적이 없다. 칼뱅이 강조하려 했던 기본 의도는 결국 하나님 앞에서 죄인으로서의 자기 모습을 인식하지 못하는 사람에게는 하나님을 아는 지식이란 없다는 것이다. 그래서 사람이 자기 자신에 대해서 신뢰하거나 허망한 확신에 빠지지 말고 오직 하나님께만 소망을 두라고 가르치고자 한 것이다.

1
죄의 영향력과 파괴력

인간에 대해서 하나님과 연관해서 설명하는 칼뱅의 강조점은 기독교 신학에서 매우 중요한 영향을 미치고 있다. 인간의 본성에 대한 이해의 출발점은 두 가지 주제를 중심으로 전개된다. 하나는 인간이 만물의 영장이면서 존엄성을 가진 존재가 된 하나님의 형상 혹은 모양에 대한 것이고, 다른 하나는 그것이 파괴되고 무너진 것에 대한 설명이다. 성경에 나와 있는 설명을 따라서 칼뱅은 하나님의 형상으로 지음을 받은 존재이기에 인간이 매우 소중하며 존엄성을 가지고 있다고 확신하였다. 하나님께서 세상을 창조하면서 자연 만물과 사람을 짓고 보기에 좋았다고 하셨다. 이렇게 "좋았다!"는 표현이 계속해서 반복되었다는 것은 창조 세계의 영광스러운 측면이다 창 1:10, 12, 18, 21, 25, 31. 첫 인류의 조상, 아담과 이브도 죄를 범하기 이전까지는 "원초적 의로움"의 상태를 유지하고 있었다.

그러나 아담과 이브가 하나님의 명령을 어기고 원초적 의로움을 완전히 상실하게 되고, 타락의 상태로 전락해 버려서 하나님으로부터 완전히 떠나버리고 말았다. 이제 인간은 스스로 하나님을 찾으려 하지 않게 되었다. 이제 사람은 하나님과의 관계가 단절되고 말았다. 새로운 상태에 들어가게 되었는데 "모든 사람이 죄를 범하였으매, 하나님의 영광에 이르지 못한다"롬 3:23고 선포하였다. 이제는 인간이 스스로 범한 죄로 인해서 '원죄'가 원초적인 의로움을 대체하고 말았다.

칼뱅의 중요한 신학이라고 여겨지는 이 부분을 좀 더 파고 들어가 보자. 인간의 본성을 구성하고 있다는 원죄와 그것의 파급효과는 무엇인가? 그 해답을 찾기 위해서는 먼저 칼뱅의 인간론을 포괄적으로 이해하기 위한 노력이 필요하다. 대부분 서양 신학자처럼 칼뱅도 아우구스티누스의 설명을 읽고 원죄의 교리를 배우게 되었다. 칼뱅의 인간이해를 찾기 위해서는 멀리 아우구스티누스에게 돌아가서 찾아보아야 근본 뿌리를 찾을 수 있다.

아우구스티누스는 원죄에 대해서 두 가지를 가르쳤다. 첫째는 아담과 이브의 죄로 인해서 그 후에 태어나는 모든 인간에게는 죄의 '오염'이 유전적으로 주어졌다는 것이다. 우리 인간은 죄를 지을 뿐만 아니라, 후손들에게 죄성의 조건을 물려준다는 것이다. 우리 인간의 의식 속에 어떤 죄에 대한 생각을 가지기 이전에도 이미 인간은 죄 가운데서 뒤엉켜 있고, 휩쓸리고 있다는 것이다.

둘째로, 아우구스티누스의 핵심적인 강조는 모든 인간이 첫 조상의 죄에 대한 책무를 유전적으로 물려받고 있다는 점이었다. 요즘 세상에서는 이런 식으로 인간을 판단하는 것은 불공정한 결정이라고 반발하는 사람들도 있을 것이다. 어찌해서 부모의 죄를 자녀에게 그 책임을 물을 수 있다는 말일까라고 의심하는 사람들이 생겨난 것이다. 하지만, 이미 성경에 보면, 부모의 악행과 죄악을 후대에도 심판하는 사례들이 많이 들어 있다. 성경에 나오는 사례들과 같이, 죄는 집단적으로 취급하여 전체 공동체의 연대 책임으로 이해되었다.

실례를 구체적으로 들어보자. 이사야는 하나님의 부름을 받자, 자신은 입술이 부정한 사람일 뿐만 아니라, 부정한 입술을 가진 사람들 사이에서 살고 있다고 고백하였다이사야 6:5. 죄는 단지 한 사람 개인만의 문제가 아니라, 집단적인 책임이 있다고 성경에 기록되어 있다. 죄의 영향에서 벗어날 수 없기에 결국 사람들은 그 책임을 면할 길이 없다.

아우구스티누스의 죄에 대한 해설 가운데서 칼뱅이 받아들이지 않은 것은 죄가 직접적으로 부모에게서 자식에게 유전된다는 부분이다. 이를 일컬어서 오늘날 신학자들은 '직접유전설' 혹은 '실재론'이라고 부르고 있는데, 부모 사이에 성적인 접촉을 통해서 자식에게 더러운 죄를 물려준다는 것이다. 아우구스티누스는 남녀 사이에 성적인 접합을 불결하게 생각했고, 그 부산물이 자식에게 직접적으로 물려 내려간다고 주장했다.

하지만, 칼뱅은 로마서 5장 12-19절에 나와 있는 아담과 예수 그리스도의 대조를 주목해 보았다. 아담은 부패한 인간의 머리요, 예수 그리스도는 의인의 대표가 되신다. 이것을 오늘날 '언약적 대표설'이라고 부르고 있다. 아담이 죄를 범하여 그 결과로 모든 인류가 한 묶음으로 취급되는 공동체 안에 있게 되었다. 아담이 죄인으로 처벌을 받아서 에덴동산에서 쫓겨났고, 죽으면 흙으로 돌아가게 되었다. 모든 인간은 아담처럼 취급받게 되어서 죽음으로 귀결된다. 모든 사람이 아담처럼 죄를 범하는 것은 아니지만, 어떤 형태로든지 죄와 연루되어 있을 뿐만 아니라, 죄로 인한 부패성이 후손들에게까지 물려져 내려오는 것은 인류 공동체가 긴밀하게 연계되어 있기 때문이라고 보았다. 이미 오염된 세상에 그 범주 안에서 후손들이 지속적으로 태어나고 있는 것이다.

'전적 부패' 혹은 '총체적 타락'이라는 사실이 보다 분명해지는 것은 인간의 외적인 환경과 내적인 실상이기 때문이다. 전적으로 부패했다는 말은 사람의 의지, 마음, 영혼, 몸, 뜻, 생각이 모두 다 전체적으로 영향을 받았다는 말이다. 칼뱅은 죄의 영향이 총체적으로 두루 미치고 있어서 사람의 전체 기능과 생각에까지 배어 있다고 보았다. 그렇다고 해서 모든 사람이, 예수를 믿든지 안 믿든지 아무런 선행이나 자선을 베풀 수 없다는 말은 아니다. 일반적인 선행은 누구나 가능하다. 모든 인간이 다 악마로 변한 것은 아니다. 전적 부패의 핵심적인 주제는 하나님이 구원에 이르는 공로로 인정할 만한 착한 행실은 불가능하다고 보았다.

전적 부패라는 교리에서 죄를 매우 철저하게 경계한 칼뱅의 분석은 결국 인간에 대한 실제적인 전망을 낮게 하였다. 모든 사람에게서 항상 죄의 영향이 나타나는 것은 아니지만, 정당한 상황 하에서도 인간은 얼마든지 상상력으로도 죄를 범할 수 있는 것이다.

여기서 한걸음 더 나아가서, 죄의 영향이라는 관점은 자유 의지의 문제를 다루는 데도 상당하게 영향을 끼쳤다. 칼뱅은 인간의 선택의 자유를 부여받았다는 사실을 부인하지 않았다. 죄의 영향 하에 있으면서도 방해를 받지 않고 자유롭게 행동할 수 있겠느냐의 여부였다. 칼뱅은 죄가 우리의 가장 고상한 생각과 행동에까지도 영향을 미치고 있기 때문에 우리의 구원을 위해서는 외부로부터 오는 권능에 의해서만 건져낼 수 있다고 믿었다.

2
의지의 자유를 어떻게 이해해야 하는가?

인간이란 스스로 판단하고 움직이고 그 누구의 간섭도 받지 않는 자율적인 존재라고 생각하게 된다. 인간은 자유롭게 보이는데도, 과연 인간이 절대적인 의미에서 자유하느냐에 대해서는 철학자들과 신학자들마다 그리 쉽게 대답이 통일되지 않고 있다. 인간의 본질에 대해서 생각할 때마다 항상 부딪히는 문제가 인간에게는 과연 자유의지, 혹은 의지의 자유가 있느냐는 질문이다. 휴머니즘을 주장하는 쪽에서는 인간이 절대적인 자유의지를 가지고 있으며 전적으로 의존한다고 말한다.

그러나 인간의 본질적인 모습을 찬찬히 들여다보면, 꼭 모든 사람이 원하는 만큼 완전한 자유로움이란 불가능함을 알 수 있다. 자신이 태어나고 싶어서 출생한 사람은 아무도 없다. 부모가 낳아주지만 역시 남자와 여자의 사랑이라는 과정에 있었을 뿐이다. 자녀 출생의 시기나 용모나 성품이나 특징이나 분명히 물려줄 수는 있지만 장담할 수 없다. 자신의 성별, 인종, 모습도 역시 전혀 인간의 선택사항이 아니다.

과연 인간이 선하고 순결한 자유의지를 가지게 되었다면, 그것은 아담에게 한정된 것이며, 그의 후손들이 에덴동산에서 쫓겨난 이후에는 전혀 다른 본성이 조성되었다.

첫째로 칼뱅에 의하면 인간은 분명히 항상 기본적인 선택의 자유를 갖는다. 이것은 단순하게 이것을 할 것이냐 아니면 저것을 할 것이냐를 택할 수 있다는 말이다. 심지어 타락한 이후에도 인간은 어떤 행동을 할 것인가에 대해서 스스로 결정할 능력이 주어졌다고 본다. 단순하게 말하면, 지금 들고 있는 연필을 쓰레기통에 던져버릴 것인가 아니면 그냥 가지고 있을 것인가를 마음대로 결정할 수 있는 권한이 있다. 지금 내가 학교에 갈 것인가, 시장에 갈 것인가, 내일 갈 것인가 등에 대해서도 결정할 수 있다. 칼뱅은 이 세상에 관련된 것들에 대해서는 이처럼 자유의지가 기본적인 것들에 대해서 작동하고 있다고 보았다.

그러나 하늘의 일들에 대해서는 전적으로 하나님께 속한 것이므로, 지금 각자가 결정하기 이전에 이미 형성된 질서 속에 태어나게 된다. 영적인 생명에 대한 것들은 인간이 선택의 자유함을 누리기 이전에 이미 아담이 범한 원죄의 예속 상태에 놓여 있다. 우리가 각자가 왜 내가 이런 상태에 태어났느냐고 하나님께 대해서 불평할 수 없는 것은 이것이 인간의 본성적인 상태로 이미 주어졌기 때문이다.

그리하여 우리는 두 번째 자유의지의 내용을 다루어야만 한다. 타락으로 인해서 선한 일을 하는 자유의지는 상실되고 말았다. 로마서에서 사도 바울은 "내가 원하는 것은 행치 아니하고, 내가 원치 않는 것을 행하는도다"롬 7:15고 고백하였다. 이런 상태이기에 탄식으로 이어진다. "내 속 곧 내 육신에 선한 것이 거하지 아니하는 줄을 아노니 원함은 내게 있으나 선을 행하는 것은 없노라"롬 7:18. 이 구절이 과연 무엇을 의미하는지에 대해서 신약학자들 사이에 논쟁이 되고 있다. 칼뱅은 이 구절에서 사도 바울이 자신의 최상의 의도들을 무력화시키는 죄의 영향을 받고 있음에 대해서 자전적인 고백하는 내용이라고 해석하였다. 우리가 원하는 선한 일을 할 수 있느냐에 대한 질문이다. 칼뱅은 의지의 자유에 대해서 부인한 적은 없었다. 다만 그는 의지의 순결성에 대해서는 부인했다.

여기서 의지의 필요성이라는 세 번째 부분을 설명하고자 한다. 우리가 선택하여 시행하는 것은 우리가 누구인가를 필연적으로 드러낸다. 따라서 의지는 행동으로 옮겨가는 인격의 특징이라고 생각될 수 있다. 우리가 죄인이라고 하는 근본적인 사실을 기억할 때에는 문제가 없다. 우리의 행동들은 우리의 의도적 선택들이 반영된다. 그런데 우리의 행동들은 우리가 죄인이라고 하는 것을 보여준다. 따라서 우리가 죄를 지을 때에, 인간은 자신의 의지에 대항하는 것이 아니라 의지와 함께 죄를 짓는 것이다. 자신의 의지를 사용해서 죄를 범하는 것이다.

이렇게 인간의 의지가 개입하였음을 인정하게 되면 결국 인간은 변명할 수 없는 처지, 즉 핑계를 댈 수 없는 아주 곤란한 상태 혹은 지경에 처하게 된다. 이처럼 우리 인간이 본질상 자신의 의지를 사용해서 의도적으로 죄를 범하는 존재라는 사실을 받아들이게 되면, 의지의 자유함이라는 것은 문제가 있게 되는 것이다. 인간의 의지는 결과적으로 우리에게 죄를 짓도록 작동하고 있으니 말이다. 인간이 가진 자유의지라는 것은 죄를 짓는 의지밖에는 없다. 칼뱅에 의하면, 참된 자유는 하나님께 복종하는 자유이다. 악한 일을 하는 자유는 거짓된 자유함이다. 결국, 인간의 의지는 아무런 자유함이 없다.

넷째로, 칼뱅은 의지의 회심, 회복 혹은 회개가 있음을 주장하였다. 이것은 하나님의 긍휼로 인해서 주어진다. 하나님은 인간의 자유함을 억지로 권력에 의해서 굴복시키거나 강압적으로 뒤틀어놓지는 않으신다. 하나님은 우리가 돌멩이와 같은 짓을 해도 집어서 던지지를 않으신다고 칼뱅은 말했다. 도리어 하나님께서는 자유 의지를 가진 독립된 피조물로서 존중하신다.

칼뱅은 마치 야생마를 길들이는 것에 비유할 수 있다고 했다. 하나님은 말에 올라탄 기수와 같다. 우리 인간의 의지는 들판을 날뛰고 돌아다니는 야생마나 제멋대로 뭉쳐 돌아다니는 짐승들처럼 통제가 불가능하다. 이러한 인간을 거듭나게 하여 변화된 이성을 소유하도록 만드신다. 영원을 사모하는 마음을 회복시키고, 영적인 질서와 순결함을 회복시킨다. 이 과정은 오랜 세월의 훈련과 반복된 노력을 통해서 가능하다. 순간마다 하나님께서는 우리들과 함께 일하면서 징계와 격려를 동시에 주어 우리의 순종이 두려움 때문에 억지로 하는 것이 아니라, 감사하는 마음에서 우러나와서 하나님이 베푸신 사랑에 대해서 진심으로 반응하도록 간섭하고 계신다.

3
형상의 잃어버림과 회복

기독교에서는 인간의 특성을 무엇이라고 설명하는가? 그리고 원래 창조의 모습과 현재의 상태에 대해서 어떻게 평가하고 있는가? 과연 인간의 본성적인 특징과 본성을 어떻게 이해하고 있는가? 인간이 존엄하고 소중한 이유는 하나님의 형상 image of God으로 지음을 받았기 때문이다창 1:26-27, 9:6. 칼뱅은 하나님의 형상으로 빚어진 존재이기에 사람은 피조물의 세계에서 분리된다고 확신했다.

하나님께서는 인간에게 이성과 자유를 주셨다. 이것이 하나님의 형상들을 모아주는 인간의 특징이다. 인간은 단순히 육체로만, 물질적인 요소들로만 연결되고 결합된 존재가 아니라, 영혼을 함께 가지고 있다. 영혼이란 매우 포괄적인 영역을 포함하는 단어인데, 단순히 말하자면 육체적이고 자연적이고 과학적인 것들을 넘어서는 보다 신비적이고, 영적인 능력과 소질과 자질을 의미한다. 예를 들면 사람에게는 영혼이 있기 때문에 예배를 드리고 하나님께 영광을 돌리는 것들이다. 하나님의 형상으로 지음 받은 존재라는 말은 인간은 하나님의 선하심을 이 땅 위에 비치는 거울처럼 사용하는 것을 의미한다.

그런데 인간의 영혼, 인간에게 가장 소중하게 주신 하나님의 형상은 죄의 영향으로 인해서 심각하게 오염되고 왜곡되고 뒤틀려지고 말았다. 본래의 상태가 없어져 버리고 죄의 영향으로 뒤덮여 있게 되었다. 그래서 지금까지 칼뱅이 '전적 타락의 상태'를 강조했다고 평가받고 있다. 칼뱅은 수시로 죄가 하나님의 형상을 파괴시켰다고 강조하였다. 심각하게 더럽혀진 상태임을 처절하게 지적하였다.

하지만, 하나님의 형상은 성령의 재창조를 통해서 예수 그리스도 안에서 다시 회복되고, 더러운 것들이 씻겨지고, 새롭게 되었다. 기독교인들이 하나님의 뜻에 따라서 윤리적인 판단과 행동을 할 수 있는 것은 하나님의 형상이 회복되었기 때문이다. 하나님의 형상이 일그러진 인간의 행동들은 그저 정욕적이고, 육체적이고, 마귀적이고, 이기적이다. 언론에 등장하는 수많은 죄악들의 본질을 살펴보면, 의지가 파괴되었기에 발행하는 범죄들이다. 기독교인들까지도 사회와 국가의 윤리를 일반적으로 적용할 수 있는 이유가 바로 인간이란 하나님의 형상을 지닌 인격체라서 사람이라면 가지는 기본적인 기준이 내면 속에 있음을 전제로 하는 것이다. 정신적인 질환이나 질병의 상태, 혹은 전쟁과 같은 특수한 상황에서는 이런 기준들이 망가지고 만다.

일반적으로 말해서, 모든 인간은 하나님의 형상을 가지고 있기에, 하나님이 보시기에 매우 소중한 존재들이다. 우리는 모두 다 하나님의 형상으로 지음을 받았기 때문에, 서로 조화를 이루고자 양보하고 타협하고 절제하는 기준을 가지고 있다. 칼뱅은 다음과 같이 조언한다.

우리가 기억해야 할 것은, 사람들이 악한 의도를 가지고 있다는 점이 아니라, 하나님의 형상에 의존하고 있는 존재라는 점이다. 비록 사람들의 범죄로 인해서 심각하게 훼손되고 상실되고 말았지만 그 형상의 아름다움과 고상함이 인간을 포괄적으로 감싸고 있고, 우리를 사랑하고 매력 있게 보도록 만들어 준다. _『기독교강요』 III.vii.6

모든 사람에게 아직도 하나님의 형상이 남아 있다는 것은 매우 중요하다. 기본적인 인간의 윤리와 도덕이 가능하게 되려면 인간에게는 적어도 최소한의 양심이 있어야 하는 것이다. 칼뱅은 창세기 2장의 해설에서, 우리가 다른 사람에게 폭력을 가하고 상처를 주는 것은 그 사람을 지으신 하나님을 상처 입게 하는 행동을 하는 것이라고 힘주어 말하였다.

칼뱅의 인간론에서 두드러진 특징은 세 가지로 집약될 수 있다. 첫째로, 인간은 하나님의 형상으로 지음을 받았다는 사실이다. 둘째로, 그 형상이 왜곡되고 오염되었지만 완전히 다 파괴되거나 취소된 것은 아니다. 셋째로, 일그러진 하나님의 형상은 성령의 씻음과 새롭게 하심으로 다시 회복된다. 하나님께서는 자신의 참된 형상으로 보내신 예수 그리스도를 통하여 이 땅 위에 인간의 영혼을 회복시키고자 하는 계획을 가지셨다고후 4:4, 골 1:15. 그리고 하나님을 아는 지식을 가지게 되려면, 하나님과 교제하는 영적인 요소들이 분명히 있어야 한다.

4

선지자, 제사장, 왕으로서의 예수 그리스도

인간의 온전한 모형은 하나님의 형상을 보여주는 예수 그리스도이다. 참된 사람의 모습은 예수 그리스도를 통해서 나타난다. 죄에서 벗어나서 온전한 사람이 되려면, 예수 그리스도를 본받아서 살아야만 한다. 사람으로서 무엇을 해야만 하는

가에 대해서도 예수 그리스도를 통해서 보여주었다.

하나님은 사람을 구원하는 일을 하면서 하나님의 형상을 회복시켜 주신다. 하나님의 모습과 모양은 인간 수준으로 보여주신 예수 그리스도의 지상 사역에서 모두 다 나타났다. 예수님께서 사람으로서의 삶을 살아가면서 온전한 모습을 보여주고, 죄를 대신하여 죽으셨고, 또한 다시 살아나는 길을 알려주며, 하늘로 승천하심으로써 천국의 소망과 기대를 주셨다. 이런 모든 예수님의 사역은 이미 구약시대에 나타났던 그림자들이 있었다. 예수 그리스도의 예표적인 역할을 한 사람들이 바로 제사장, 선지자, 왕이었다. 3가지 직분을 통해서 이스라엘 백성들에게 구원의 길을 보여주다가 마지막 날에 예수 그리스도가 3가지 직분을 모두 완수하고자 오신 것이다.

죄로 인하여 사망의 형벌을 받은 인간을 살려내는 길은 오직 예수 그리스도의 십자가와 부활을 통해서 제시되었다. 다시 말하면, 죽음과 영원한 형벌로부터 면제되고 다시 생명을 얻게 되는 복음의 능력은 예수 그리스도의 생애와 죽음과 부활 가운데서 나타났다. 예수 그리스도의 인격과 사역을 통해서 하나님의 위대하심이 분명하게 입증되었으니, 우리 인간에게 형상을 주셨으나 제대로 하나님의 영광을 드러내지 못하고 실패하였기에 주신 약속의 성취였다.

칼뱅은 예수 그리스도의 인격에 대해서는 초대교회가 여러 차례 모인 종교회의에서 결정한 바를 그대로 따르고 인정해야 한다고 역설하였다. 예수 그리스도는 신성과 인성을 모두 갖추고 계신 분이며, 완전한 하나님이자 완전한 사람이다. 사람의 요소가 50%이고, 하나님의 성품이 50%가 아니라, 완전한 사람으로서 100%이자 완전한 하나님으로서도 100%가 되신다. 이렇게 완전한 하나님이 인간으로서 태어나서 전체 인간의 과정을 겪으신 것은 우리의 연약함과 비참함을 경험하고자 하심이다. 그래서 인간으로서 예수 그리스도는 나사로의 죽음 앞에서 통곡하고요 11:33, 고난을 당하며, 십자가에서 죽음을 맞이한다. 예수님이 인간이 되어야만 했던 이유는 하나님을 저항하여 범죄한 인간이 치러야 할 모든 죗값을 대신해야 하는 중보자가 되어서 하나님과 인간과의 사이에 풀어야 할 근본문제를 해결하고자 하심이었다. 사람의 대변자이자 사람의 죄를 해결하고자 하기에 먼저 예수님은 사람이어야만 한다. 태어나서 죽을 때까지의 전 과정을 경험하게 함으로써 사람의 완전한 대표가 되게 하셨다.

동시에 예수님은 완전한 신성을 소유한 하나님이다. 신적인 권위와 권능이 없이는 하나님을 기쁘게 할 수 없다. 신적인 존재가 아니고서는 하나님께 갚아야 할 무한대의 죗값을 치를 수 없다. 인간이 죄인임에도 불구하고 예수 그리스도의 대속적인 희생으로 인해서 의롭다고 선언되었다. 예수 그리스도가 전혀 죄가 없는 분으로 죽음을 맞이하신 '의로움'을 우리의 것으로 전가시켜 주기 때문이다. 하나님이신 예수님의 속죄 사역의 효력으로 인해서 하나님은 인간에게 죄의 책임이 없다고 선포하신다.

칼뱅은 예수 그리스도의 사역에 대해서 언급하면서, 구약성경에서부터 지속적으로 하나님의 대행자로서 구별된 직분이던 선지자, 제사장, 왕의 직분을 감당하신 것이라고 설명하였다『기독교강요』 II.xv.1. 예수 그리스도와 구약시대의 3중직의 연계성에 대해서 언급한 것은 칼뱅이 아니지만, 최초로 체계화시켰고 종합적으로 제시했다는 면에서는 매우 획기적인 구성이요, 탁월한 안목이었다. 그렇지 않았다면 교회에 흩어져 있는 다양한 해석과 이론이 예수 그리스도의 사역을 집약시키지 못하고 말았을 것이다. 가장 성경적으로 합당하게 그리스도의 3중직이 정리된 것으로 받아들여지고 있다.

그리스도의 사역은 구약시대의 중요한 세 가지 직분과 연결된 성취라고 하는 칼뱅의 해설에는 다분히 유대주의적인 요소들과의 연계성이 돋보인다. 예수님과 유대주의와의 연속성과 유사성에 주목했다는 칼뱅의 해설은 매우 주목되는 부분이다. 왜냐하면 초대교회 시대부터 유대주의적인 요소들과 기독교와는 서로 엄격하게 단절되어 있었다. 기독교 교회에서는 유대주의와 엄격하게 대립적이었다. 초대교회에서부터 시작해서 오랫동안 기독교 안에 유대주의적인 것들이 들어 있다는 것에 대해서 결코 인정하려 들지 않았다. 16세기 유럽에서도 마찬가지였는데, 칼뱅 당시의 종교개혁자들과 개신교 교회에서도 유대주의와는 대척하는 입장이었다. 그렇지만, 칼뱅은 성경에 제시된 예수 그리스도의 모든 사역에는 구약성경에 나와 있던 약속과 언약이 연계되어 있음을 주목한 것이다. 칼뱅은 예수님의 사역과 유대주의적인 요소들과의 연속적인 측면들을 다루는 데 별로 개의치 않았다는 것이다.

지금까지의 기독교 신학자들 사이에서 예수 그리스도를 이해하도록 가장 잘 정리해놓은 탁월한 설명이라고 널리 알려진 것이 바로 그리스도의 3중직이다. 그리스도가 구원자라는 말은 결국 그의 모든 생애가 하루하루 평범한 일상생활을 살아가는 모든 사람과 긴밀하게 연결되어 있다는 사실에 유의해야 한다.

옛날 유대인이 살던 시대에 이 세 가지 직분을 감당하던 지도자들은 모두 다 사람들 중에서 선별되었다. 그리고 선지자, 제사장, 왕이 감당하던 직무들은 일상생활 가운데서 연결되어 있다. 단지 종교적인 생활이나 제사제도에서만 국한된 직분들이 아니었다. 매일 매일 일상생활을 거룩하고 깨끗하게 살아가는 길이 제시되었던 것이다. 말씀이 육신으로 오신 예수 그리스도가 최고 수준의 사역으로 완성을 하신 것뿐이다. 그리고 예수님만 깨끗하게 살아가신 것이 아니라, 우리도 그와 같이 거룩하게 왕 같은 제사장으로 살아야 한다는 것을 설명한 것이다벧전 2:5, 9.

칼뱅은 예수 그리스도가 선지자의 직분을 완성했다고 믿었다. 왜냐하면, 그리스도가 하나님과 인간의 상황에 대해서 진리를 선포하였기 때문이다. 예수님이 가르치는 사역은 성경에 잘 설명되어 있다. 예수님은 선지자로서 그냥 선포하고 설명하는 것으로 그친 것이 아니라 성전의 청결과 같은 행동을 과감하게 실천해 보였다막 11:15. 나귀를 타고 예루살렘으로 들어가는 행렬은 그 자체로서 강력한 메시지였다마 21:1-19. 그러한 여러 가지 행동은 어긋나게 생활하고 있던 자들과 불의한 자들에 대한 하나님의 심판이었고, 동시에 성실하게 살아가고 있는 백성들을 향한 하나님의 구원을 보여주는 희망의 행동이기도 했다.

오랜 세월에 걸쳐서 선지자들은 이스라엘 백성들에게 하나님의 말씀과 율법을 가르치고 설명하였다. 그러나 예수 그리스도는 매우 독특한 방법으로 선지자의 직분을 완성하였으니, 단순히 진리에 대해서 설명한 것만이 아니라 자신의 몸으로 실행하였다. 예수님은 "내가 곧 길이요, 진리요, 생명이다. 나로 말미암지 않고는 아버지께로 올 자가 없다"고 선언했다요 14:6.

제사장은 속죄의 희생 제사를 주관하였는데 이는 하나님과 백성들 사이에 중재자 역할이었다. 예수 그리스도는 이 직무를 스스로 몸을 던져서 완성하였다. 그리스도는 스스로를 희생시켜서 하나님의 의를 이루어서 만족과 기쁨을 주고, 하나님으로부터 멀리 떨어진 인간과의 화해를 이루었다. 희생 제사는 단번에 끝이 났지만, 예수님의 중보사역은 하나님의 보좌 우편에서 지속적으로 진행되고 있다. 예수님의 가르침 가운데서 매우 중요한 부분이다.

칼뱅이 살았던 16세기에는 로마 가톨릭 측에서 중보사역을 왜곡시켜서 가르쳤다. 마리아, 성자, 신부만이 성도들을 위해서 중보기도를 드릴 수 있다고 세뇌시켰다. 신부 앞에 나가서 자신의 죄를 알리고 용서를 받는 고해성사는 어떤 죄든지 사함을 받기 위해서는 필수적인 예식이라고 가르쳤다. 그러나 신약성경이나 초대교회 시대의 교회역사 그 어디에도 발견되지 않았다. 성경을 통해서 확신을 가지게 된 칼뱅은 오직 예수 그리스도만이 중보자의 직분을 가진 분이라고 주장하였다. 요한복음 17장에 나타난 바와 같이, 성부 하나님께 나아갈 수 있는 자는 성자 예수님뿐이다. 성자 예수 그리스도는 자신을 믿는 자들을 위로할 수 있는 분이기 때문이다.

세 번째로, 칼뱅은 예수 그리스도가 왕이라는 점을 강조한다. 칼뱅은 프랑스 국왕의 통치시대에 성장하였기에 절대적인 왕권의 행사를 잘 이해하고 있었다. 오늘날 영국이나 일본에서 벌어지는 왕궁행사들은 옛날의 역사를 희미하게나마 짐작하게 해 준다. 예수 그리스도는 지금도 실제로 인류의 통치자요 왕이다. 성도들을 구원에 이르도록 보호하고, 지키고, 지도하고, 다스리신다. 왕 되신 예수님의 권세와 능력은 인간의 몸을 입고 죽은 자 가운데서 다시 살아나고 영원한 하나님의 나라로 승천하는 가운데 잘 드러났다.

승천 후에 왕의 자리에 복귀하신 것이지만, 사실은 이미 육신의 몸으로 지상에서 사역하실 때에 왕의 신분을 은밀하게 드러내셨다. 나귀를 타고 예루살렘에 입성하실 때에 예루살렘의 백성들은 다윗의 아들이라고 외쳤다마 21:9. 예수님이 십자가에 달리실 때에, 조롱과 멸시의 상징이었지만 세 가지 언어로 "유대인의 왕"이라는 현판을 그 머리 위에 붙여놓았다요 19:19-20, 마 27:37, 막 15:26, 눅 23:38. 괴롭히던 자들에 의해서 예수님이 누구인가를 알려주는 명칭이 되고 말았다. 예수님의 왕으로서의 사역은 웨스트민스터 소요리문답 26항에 대답과 대요리문답 45항에 대답으로 잘 요약되어 있다.

그리스도께서는 사람들을 세상으로부터 자신에게로 불러내시고 그들에게 직분과 법을 주시고 책망하심으로써 왕의 직능을 다하십니다. 이를 통하여 주께서는 그들을 눈에 보이게 다스리십니다. 또한 그리스도께서는 택함을 받은 이들에게 구원의 은총을 부여하십니다. 그들이 순종하면 상을 주시고, 그들이 죄를 범하면 징계하시며, 그들이 시험을 당하고 고난을 당하거나 원수를 제압하고 정복할 때 그들을 보전하시고 도와주십니다. 주께서는 당신의 영광과 백성들의 유익을 위하여 모든 사물을 능력 있게 주관하십니다. 그리고 하나님을 알지 못하고 복음을 순종하지 않는 사람들에게 원수를 갚으심으로써 왕의 직무를 다하십니다.

오늘날 한국교회에서 3중직을 잘 설명하고 있지만, 일반 성도들이 가장 소홀히 취급되는 부분이 왕 되신 예수님이라고 평가할 수 있다. 인간 예수로서 받아들이라는 현대적인 접근들이 많이 발표되면서, 예수님의 신성과 초월성과 통치하심이 약화되어버리고, 훌륭한 도덕을 실천하고 가르친 랍비라고 생각하는 경향이 많다.

칼뱅은 하나님만이 구원역사의 모든 진행을 계획하고, 준비하고, 주관하고, 은혜를 베풀어서 용서하신다는 것을 일관되게 풀이하였다. 그리고 마지막 날까지 붙잡아 주는 분도 오직 하나님의 능력에 의해서 가능하다는 것이다. 하나님이라는 전능자를 믿는 이유는 그분이 바로 자신의 백성들을 구원하고자 시작하였고, 진행하기 때문이다.

하나님께서는 인간이 이해하고 받아들일 수 있는 방식으로, 사람들의 행동과 역사 속에서 하나님이 하시는 구원의 능력을 보여주셨다. 예수님은 사람으로 오셔서 사람들에게 무시를 당하고 시련을 입고 찢겨지는 고난과 죽음을 당하셨지만, 성령의 권능이 항상 함께하면서 돕도록 하였다. 예수님은 모든 평범한 사람처럼 광야에서 사탄에게 시험을 당하였다마 4:1-11; 눅 4:1-13. 이 사탄의 권세는 하나님의 다스리심을 방해하고, 때로는 질병을 일으키고, 대적하는 세력으로서 예수 그리스도가 구원역사를 수행하고자 할 때에 여러 차례 나타나서 방해하였다마 1:21-28. 예수님이 인간으로서 펼쳐보이신 구원의 드라마는 겟세마네에서 절정에 달하였는데, 사람의 몸으로 찢김을 당하고 죽임을 감당하기란 얼마나 어려운 일인가!막 14:32; 마 26:36-46. 십자가 위에서 죽음은 가장 처참한 형벌이었다.

하나님은 가장 강한 분이시면서 동시에 가장 약하게 오셨으니, 양면을 다 가지고 계신다. 이것은 칼뱅이 파악한 구원자 예수님의 모습이다. 한편으로는 하나님께서는 인간을 구원하실 능력과 권세가 있으면서, 동시에 사람의 모습으로 오셔서 피를 흘리고 죽임을 당하였다. 이 두 가지 모습에는 하나님만이 하실 수 있는 능력과 권능이 강조되어야만 하는 것이다. 완전히 사람을 살려낼 수 초월적인 권능이 있으면서, 완전한 사람으로 오셔서 죽임을 당하기까지 고난을 받으셨다. 하나님의 힘과 권능은 가장 나약하고 힘없는 모습에서 나타난 것이다. 이것이 바로 구원의 드라마이다.

하나님의 어리석은 것이 사람의 지혜보다 뛰어나며, 하나님의 약하심이 사람의 강함보다 더 강력하다고전 1:25.

7

구원에 이르는 길

칼뱅의 시대에 살았던 사람들은 심판에 대한 두려움과 무서운 공포심에서 벗어나지 못했다. 안타깝게도 중세 말기의 교회는 부패한 종교집단으로 전락하여 교육을 받지 못한 대중의 두려움을 해결해 주지 못했다. 용서와 사랑의 복음을 제대로 소개하지 못했다. 가난과 두려움 속에 살아가는 영혼을 가르쳐서 행복한 삶으로 인도하기보다는 교회가 내놓은 구원의 조건과 의무 사항을 강조함으로써 고통을 더해 주었다. 예수님이 주셨던 은혜, 사망의 죄와 죽음의 굴레를 벗어나서 구원의 감격을 가지고 살아가는 감격에 대해서 중세 말기 교회는 왜곡하고 있었다.

구원이란 사람이 죽은 후에 다음 세상에서 지옥의 나락에 떨어지는 것에만 관계되는 것은 아니다. 칼뱅은 구원에 대한 포괄적인 성경의 교훈들에 주목하여 분명하게 제시하였다. 칼뱅은 구원은 현세에서 하늘나라의 삶을 누리고 동참하다가 최종적으로 들어가는 것이라고 생각한다. 구원을 받은 자는 지금 이 세상에서도 천국의 시민으로서 뚜렷한 목표와 소속 감을 가지고 현재 하루를 의미 있고 보람 있게 감격을 누리며 살아간다. 구원은 미래의 사건일 뿐만 아니라, 지금 맛보고 느 끼는 것이다.

그러나 중세기 로마 가톨릭에서는 선행과 공로주의에 입각 하여 사후에 가는 천국행 보증수표를 중요시했다. 이와는 전 혀 달리 구원의 길을 새롭게 제시한 종교개혁자들이 있었다. 루터와 칼뱅이다. 칼뱅의 구원론은 루터가 물꼬를 트기 시작 한 방향으로 활짝 더 나간 것이다. 곧 믿음으로 얻는 구원을 가르치되, 더욱더 선명하고 분명하게 밝혔다. 칼뱅의 구원론 은 오늘날까지도 개신교 진영 전체에 가장 큰 영향을 미치고 있다. 그는 예수 그리스도가 성취하신 놀라운 구원의 완성사 역은 오직 성령을 통해서 전달된다고 확신하였다. 성령은 예 수 그리스도와 성도들 연결하는 끈이다. 한번 연결되면 결코 떨어지지 않는다. 칼뱅은 성령의 적용과 그로 인해서 그리스 도와의 신비로운 연합이 이루어짐을 강조하였다.

중세 로마 가톨릭에서는 신부가 교회에서 시행하는 성례들 을 통해서 하나님의 은혜가 주입된다고 가르쳤다. 성령은 설

자리가 없었다. 물론 지금까지도 로마 가톨릭에서는 각 사람이 구원을 얻기 위해서는 로마 가톨릭 교회에 절대 순종하면서 선행과 공로를 쌓아야만 한다는 교리를 강력하게 시행하고 있다.

칼뱅은 구원의 적용에 있어서 관여하는 성령의 사역에 시종일관 주목하였다. 로마 가톨릭 교회와 성례가 차지한 자리에다가 성령을 복귀시킨 사람이 바로 요한 칼뱅이다. 프린스턴 신학대학원 워필드 박사는 칼뱅 탄생 400주년을 맞이한 강연에서 칼뱅을 '성령의 신학자'라고 불러야 한다고 주장하였다.

1
믿음으로 구원에 이른다

선행이나 공로의 축적을 통해서 구원을 얻을 수 있는 신자가 되는 것이 아니다. 종교개혁시대의 핵심 신앙을 파악한 칼뱅은 하나님의 은혜를 받는 가장 기본적인 수단으로 믿음을 먼저 제시하였다. 루터가 제기한 바에 따라서, 사람이 구원을 얻게 되는 것은 각 사람이 스스로 노력하여 얻는 공로와 선행의 결과로서 주어지는 것이 아니다. 오직 하나님의 은혜에서 나오는바, 믿음으로 얻는 것이다.

믿음에 대해서 칼뱅은 매우 정교한 개념을 제시하였다. 믿음이란 "우리를 향하신 하나님의 은택들에 대한 분명하고도 확실한 지식인데, 이는 예수 그리스도 안에서 값없이 거저 주신 약속의 진리에 기초한 것이며, 성령을 통해서 우리의 가슴속에 새겨지고 우리의 마음에 계시되었다"『기독교강요』III.ii.7.

믿음을 좀 더 상세히 나누어서 다음과 같이 그 내용을 살펴볼 수 있다. 첫째로, 믿음은 확실한 지식이다. 막연하고 추상적인 개념이 아니다. 많이 공부한 학자풍의 사람만의 전유물이 아니다. 딱딱하고 어려운 것이 아니다. 오히려 인격적이다. 우리가 잘 알고 지내는 가족과의 관계에서 느껴지는 친밀감과 소속감 같은 것이다. 잘 알고 지내는 친구에 대한 신뢰심과 같은 것이다. 칼뱅이 말하는 믿음이란 무작정 믿는 맹목적인 신앙이 아니다. 참된 믿음이란 다른 사람이 말한 것을 아무런 질문이나 의구심도 없이 그냥 받아서 간직하는 내용이 아니다. 하나님의 방법들과 직접적으로 연계된 것들을 신뢰하는 것이다.

칼뱅은 우리가 바라는 것을 기대하면서 막연하게 '나는 믿는다'는 식으로 소원성취를 바라보는 것과 믿음을 철저히 구별하였다. 믿음을 가졌다고 해서 항상 인생에 대해서 낙관적일 수 없다. 믿음은 분명한 대상을 가지고 있다. 그 대상은 예수 그리스도 안에서 나타나신 하나님에 대한 것이며, 성령의 권능에 의해서 생생하게 진행되는 것에 대해서이다. 긍정적 사고방식으로 항상 살아가는 것이 믿음생활이 아니라는 말이다. 믿음은 신나고 즐거운 것만을 말하지 않는다. 조금 더 구체적으로 말하자면, 믿음은 하나님 안에다 그 핵심을 두고 있다.

칼뱅은 매우 실존적으로, 체험적으로, 영적으로 믿음에 대해서 잘못된 인식을 하고 있음에 주목하였다. 믿음은 하나님에게 초점을 맞추어서 풀이되어야 한다. 은혜로운 분이라는 하나님의 성품을 근거로 삼는다. 우리 인생들을 불쌍히 여기는 하나님의 선하심과 인자하심을 확신하면서 의존하는 것이 믿음이다. 칼뱅은 인간이 스스로의 힘과 능력으로 바위처럼 견고하면서 흔들리지 않는 믿음이란 불가능하다는 것을 잘 알고 있었다. 비록 연약한 인간성에 들어 있는 믿음이라 할지라도, 진짜 믿음은 구원에 이르게 한다. 믿음의 확실성은 우리 인간이 얼마나 신실하고 진실하게 믿음을 지켰느냐에 따라서 결정되는 것이 아니라, 성령의 사역에 의해서 성취된 그리스도와의 연합에 의해서 좌우되는 것이다. 성령으로 사역으로 인해서 "그리스도가 우리 밖에 있는 것이 아니라, 우리 안에 계신다"『기독교강요』 III.ii.24.

믿음은 하나님이 하신 약속의 힘에 의존한다. 하나님은 자신이 하신 약속에 대해서 완벽하게 충실한 분이라고 칼뱅은 강조한다. 믿음은 사람의 전체가 관련을 맺고 있으며 전인격적이다. 믿음을 가진다는 것은 마음과 영혼과 가슴과 관련이 있다. 마음은 깨끗하게 씻어지게 되며, 가슴은 견고하게 강화된다. 칼뱅은 종종 그 어떤 형태의 종교라 하더라도 냉정하고 차갑다고 경멸하듯이 말했다. 그러나 기독교 신앙이란 따뜻하고, 생동감이 넘치며, 활기차다.

믿음은 성도를 구원의 확신으로 이끌어준다. 칼뱅은 참된 믿음이란 구원의 확신을 본질상 그 내용 안에 포함하고 있다고 보았다. 이런 설명은 로마 가톨릭에서 가르친 것과도 다르고, 루터의 풀이와도 차이가 있는 부분이다. 칼뱅은 하나님과의 바른 관계를 가지고 있는 사람이라고 한다면 구원의 확신을 가질 수 있고, 알 수 있다고 확신하였다. 그러나 로마 가톨릭에서는 구원의 확신을 가질 수는 없고, 그저 짐작할 따름이라고만 가르쳤다.

2
회개와 중생

칼뱅은 회개가 죄의 용서를 위해서 반드시 필요하다고 강조하면서도, 회개했기 때문에 용서를 받게 되는 것은 아니라고 구분하였다. 회개만 하면 자동적으로 용서받는 것이 아니기 때문이다. 용서받는 것은 하나님의 자비하심에서 나온 것이다. 사람의 능력에 좌우되는 것이 아니다. 우리가 회개하는 것은 이미 용서를 받았기 때문이라는 말이다.

칼뱅은 회개의 필요성을 매우 강조한다. 이 믿음의 확신과 결정적인 역할을 강조했지만, 신자가 하나님 앞에서 스스로 해야 할 회개의 필요성을 면제시킨 것은 결코 아니다. 칼뱅은 앞에서 설명한 바와 같이 믿음에 대해서 정확한 개념을 제시하듯이 회개에 대해서도 매우 면밀한 규정을 내놓았다. 회심은 "우리의 생명이 하나님께로 돌이키는 것이다." 회심은 "순수하고 진실한 마음에서 우러나오는 돌이킴이다. 우리의 육체를 죽이는 것이요, 성령의 살려냄으로 구성된다"「기독교강요」 III.iii.5.

참된 회개란 겉으로만 하는 것이 아니요, 가볍고 천박하게 입술로만 하는 것이 아니다. 마음의 아픔과 애통함을 가지고 "하나님께로 돌이키는 것이다." 회개는 진정성이 관련된다. 참된 믿음은 참된 성도에게 진정한 회개로 이끌어간다. 그리고 참된 회개를 하게 되면 영혼의 변혁이라는 문이 열리게 된다. 참된 회개는 참된 믿음의 결과이다. 불완전한 인간이 하는 회개가 성공할 수 있는 것은 하나님의 성품을 완전히 두려워하고 존중하는 것이기 때문이다.

칼뱅은 두 가지 종류의 회개를 가르쳤다. 하나는 하나님께 돌이키는 회개이고, 다른 하나는 날마다 지속적으로 해야만 하는 회개이다. 칼뱅은 극적인 회개의 체험을 가져야 한다고 강조하지 않았다. 어느 순간에 회개하면 용서받을 수 있는 모든 조건을 다 채울 수 있는 것이 아니다. 일상적이고 반복적이며 점진적인 회개를 강조하였다. 참된 회개는 일생을 통해서 지속되어야만 한다.

기독교 신자로서 살아가는 생활은 성화라고 부른다. 칼뱅은 성화의 과정에 대해서 탁월한 개념을 성경적으로 제시했다. 첫째, 하나님의 심판 아래서 저주를 피할 수 없는 죄인이라는 사실을 기억할 때에, 인간은 옛 사람을 죽여야만 하고 영혼의 슬픔을 가져야만 한다. 자아를 죽인다는 것은 자신의 생명 안에 악을 인식하고 인정하는 데서 출발한다. 그래야만 끊임없이 유혹하며 영혼을 파괴하게 만드는 죄에 대해서 죽는 것이다. 인간이 조금만 방심하게 되면 죄가 파고들어 와서 하나님과의 관계를 포함하여 거룩한 삶을 망쳐 버린다. 죄가 파고들어 오면 하나님을 피하게 되고 미워하면서 의심하고 멀리하려는 마음이 생긴다. 이웃을 싫어하고 미워한다. 급기야는 자기 자신에 대해서도 파멸시켜 버리고 만다. 이런 죄악된 삶을 바꿔야만 사람이 살아갈 수 있다.

생명으로 충만한 삶은 그리스도에 대해서 살아 있는 자가 되게 하는 성령의 능력으로 가능하다. 성령은 그리스도의 의로움을 성도의 삶에서 살려내는 일을 한다. 칼뱅은 이런 새생명의 소생이라는 것이 오직 믿음을 가짐으로써 주어지는 특별한 위로라고 생각하였다. 성도는 믿음으로 하나님을 신뢰하는 자이며, 성령의 권능으로 일어나는 사람이며, 용기와 선한 양심을 가지고 죽음에서 생명으로 돌아선 자이다. 회개를 통해서 성도는 뒤엉켜 지내오던 과거의 죄악에서 벗어나는 것만이 아니라, 죄로 인해서 변질되고 크게 손상을 입은 하나님의 형상을 성도 영혼 안에 다시 회복하는 것이다.

옛 자아를 죽이고, 새 믿음을 가진 자아를 살려야만 한다. 칼뱅은 죽임과 살림을 동시에 강조하였다. 칼뱅은 항상 "하나님께 대한 두려움"을 강조하였다. 거룩한 하나님 앞에서 자신의 마음속에 담긴 죄악된 것들을 정확하게 파악해서 죽여야만 한다는 것은 결코 쉬운 일이 아니다. 하지만, 자신을 죽이고 새로운 그리스도의 생명으로 다시 살아야만 한다는 강조는 매우 균형 잡힌 요청이다. 원칙적으로 옛 사람에 머물러 있는 자신의 자아를 죽이는 것과 새로운 생명을 살리는 것은 서로 긴밀하게 연결되어 있다. 우리 자신의 실패를 직시하지 않은 채, 서둘러서 영적인 성공과 승리만을 주장하는 것은 균형을 잃어버리는 아주 잘못된 태도이다. 우리의 성공과 승리는 오직 그리스도 안에서 주어지는 감격과 즐거움과 기쁨이다.

3
성화와 칭의, 두 가지 겹친 은혜

하나님께서는 우리를 거룩하게 만들고자 회개의 삶을 통과하게 하였다. 중생을 사용하여 변화시키고, 거룩함을 심어놓으셨다. 믿음을 가진 사람은 궁극적으로 거룩한 원리가 작동하는 삶을 살아간다. 칼뱅이 풀이한 두 가지 겹쳐진 은혜에 관한 설명은 지금까지 매우 널리 인용되고 있는데, 구원의 혜택을 풀이하는 데 이처럼 명쾌한 설명이 다시없기 때문이다. 설명하기에 까다롭고 복잡한 관련성을 함께 묶어서, '이중은혜'라고 말하는 것보다 더 좋은 단어가 없기 때문이기도 하다.

즉, 칼뱅은 사람이 하나님 앞에서 의롭다 하심을 받은 것과 개인적으로 날마다 거룩한 생활을 살아가는 것은 서로 차이가 있다고 구별하였다. 칭의(의롭다 하심)와 성화(거룩한 생활)는 결코 분리시킬 수 없다. 참된 믿음을 가진 사람에게 주시는 은총 안에는 이처럼 두 가지 내용이 함께 들어 있는 것이다.

죄인을 의롭다고 인정하는 것은 하나님의 자유로운 은혜의 시행이다. 우리는 그리스도의 의로움에 근거하여 하나님의 면전에서 자녀로 받아들여진다. 이와 동시에 하나님의 은혜가 주어져서 중생을 경험하게 된 성도가 살아나서 하나님께 반응하면서 행동으로 실천하게 된다. 죄에 대해서 죽고 의에 대해서 살고자 하는 생동감을 회복하게 된다. 용서를 받은 자로서 의롭다고 인정을 받은 것과 새롭게 되어서 생동감이 넘치는 삶을 살아가는 것이 동시에 하나님의 은혜에서 나왔다. 칭의는 이미 그리스도가 성취한 것으로 완성되었으며, 성화는 그리스도의 생명을 성령이 성도의 삶 속에 펼치고 계신다.

칼뱅은 먼저 성화와 중생에 관하여 설명하고, 그 후에 칭의를 다루었다. 16세기 개신교 신학자들은 거의 다 칭의를 중요한 교리로 다루었기 때문에, 선행을 앞세우는 로마 가톨릭의 방법과 유사한 구조를 싫어했다. 그래서 그 누구도 이렇게 칼뱅처럼 거룩한 삶에 대해서 먼저 설명하지 않았다. 다시 말하면, 칼뱅은 거저 주신 은혜로 의롭다 하는 구원의 축복이 '값싼 은혜'가 아니라는 것을 분명히 했다. 하나님의 은혜와 사랑이 엄청나게 무한하다는 것을 더욱더 진지하게 설명하고자 하였다.

아무런 의로움도 없는 인간이 어떻게 하나님 앞에서 옳다고 인정을 받느냐를 설명하면서, 루터와 같이 칼뱅도 예수 그리스도의 의로움을 우리의 것으로 인정을 받는다는 '전가된 의로움'이라는 개념을 사용하였다. 로마 가톨릭에서는 '유입된 의로움'을 강조하여서, 계속해서 성례에 참여하면서 선행과 공로를 쌓아나가면 우리 각자의 내부에 의로움이 쌓이게 되고, 그것을 근거로 하여서 하나님과의 화해가 이루어진다고 가르쳤다. 그러나 칼뱅은 하나님께서 그리스도 안에서 우리를 위해서 단번에 완전히 의로움을 인정받게 하셨고, 점차 각자 개인의 삶에서 그런 은혜가 드러나고 적용되게 하신다고 보았다. 우리는 그리스도 안에서 의롭다고 할 수 있고, 거룩한 존재가 이미 되었다. 하지만, 미래의 완성을 향해서 점점 더 그리스도의 온전하심을 바라보고 닮아가는 것이다.

그리스도 안에서 거룩하다는 것은 육체를 가진 인간이 무슨 신비한 변신을 한다거나, 육체와 결별하는 영적인 존재로 변형하는 것이 아니다. 인간으로서 살아가면서 하나님의 자녀가 되는 것이다. 마음이 청결하게 되어서 하나님과 친밀하게 교제하고, 성령의 인도하심에 따라서 거룩한 생활을 유지하면서 하나님을 존중하는 경건을 실천하는 것이다. 하나님의 자녀로서 살아가는 거룩한 생활은 로마서 12장 1절에서 사도 바울이 제시한 바와 같이, 하나님을 위해서 우리 몸을 거룩한 산 제사를 드리는 것이다.

거룩한 생활을 살아가도록 성경이 가르치는 원리는 무엇일까? 칼뱅은 아주 간단하게 다음 네 가지를 제시하였다. 첫째, 자기 자신을 부인하여야 한다. 고린도전서 6장 19절을 인용하면서, 칼뱅은 우리 인간이 각자 자기가 주인이 아니라는 것을 인정하라고 촉구한다. 모든 인간의 주인은 하나님이다. 하나님의 지혜가 최상의 것이며, 하나님의 뜻에 따라서 세상을 다스리도록 하여야만 한다. 우리 인간의 삶에 모든 영역에서 하나님이 바라는 바에 따라서 실천에 옮겨야 한다. 자아에 집착하고 자기 자신의 목표를 향해서 나가는 인간의 욕망을 버려야만 한다『기독교강요』III.vii.1. 자기 부인은 하나님과의 관계를 깊어지게 할 뿐만 아니라, 다른 사람과의 교제를 바르게 정립할 수 있게 해 준다. 이기심과 자만심에 빠질 수밖에 없는 인간을 구해준다. 자기만이 칭송을 받으려 하는 어리석음을 벗어나서 다른 사람들의 유익을 구하는 일에 앞장서게 한다.

둘째로, 기독교 신자로서 살아가는 삶은 십자가를 지고 가는 길이다. 하나님을 신뢰하는 까닭에 인내해야만 하고, 순종하여야 한다. 단순히 역경을 극복하고 견디는 것이 아니라, 예수 그리스도를 본받아서 하나님의 뜻에 따라가는 것이다. 물론 십자가를 진다는 것은 자기를 부인하는 것보다 백배나 더 어려운 일이다. 칼뱅은 예수님께서 일생 동안 십자가를 지고서 하나님의 뜻에 따랐다고 해석했다. 마지막에는 그 십자가 위에서 죽으셨다. 따라서 우리도 모든 어려운 일을 하나님께서 아버지의 사랑으로 채찍질하는 것으로 받아들여야 한다.

셋째로, 기독교 신자로서 살아가는 것은 미래의 삶을 묵상하는 것을 빼놓을 수 없다. 장차 올 영광스러운 축복을 기대하고 바라는 것이다. 현재의 삶에 묶여 있는 것이 아니요, 현세에 대한 과도한 즐거움과 탐욕에서 벗어나는 것이다. 미련하고 어리석은 인간은 하나님과 함께 살아가게 될 영원한 세계를 전혀 모른다. 현세는 탈출해야 할 세상이고, 감옥과 같으며, 감시자들이 지키고 있는 영내에 간힌 것과 같다. 예수 그리스도께서 오실 때에야 비로소 참된 삶으로 인도될 것이다.

넷째로, 우리 성도들은 현재 가지고 있는 재산과 재물을 하나님의 뜻에 합당하게 사용하여야만 한다. 이 세상의 모든 것들을 하나님께 영광을 돌리는 데 사용해야만 한다. 절약하고 검소하게 살아야만 하고, 재물에 탐닉하지 말아야 한다. 양심에 부끄럽지 않도록 노력해야만 한다. 하나님의 뜻을 잊어버리고 이 세상에만 집착하는 것은 결코 옳지 못하다.

칼뱅은 우리 인생의 삶은 너무나 경직되고 엄격하게 사는 것에 대해서도 반대하지만, 동시에 너무나 느슨하고 게으르게 방임하는 것도 경계했다. 그는 하나님은 모든 좋은 선물의 창조주라는 사실을 잊지 말아야 한다고 조언한다. 만물의 주인은 하나님이다. 우리는 주신 은혜 안에서 규모 있게 살아야 한다. 재물이 있다고 해서 향락을 누리며 허랑방탕해서는 안 되며, 가난하다고 해서 비굴하지 말고 평안하게 살아가야 한다. 하나님께서 우리를 돌아보고 계시기에 우리가 지금도 살아가고 있다는 사실을 잊지 말고 좋은 청지기가 되어야만 한다. 하나님께서는 우리가 어떻게 대처하고 살았느냐의 여부를 계산하신다. 우리가 하나님으로부터 부름받았다는 사실에 입각하여 직업의 소명의식을 가지고 최선의 노력을 다하는 것이 가장 중요하다.

우리 각자가 하나님의 소명을 갖고 살아간다는 칼뱅의 해설은 탁월한 성경적인 해석이었고, 기독교인에게 가장 큰 영향을 미친 사상 중에 하나가 되었다. 모든 사람이 하나님의 부름을 받았다는 소명의식은 그의 신학에서 가장 중요한 기여 가운데 하나로 손꼽는다. 중세 시대에는 성직자나 수도사만이 하나님으로부터 부름을 받았다고 생각했다. 그리고 그들만이 하나님의 뜻에 합당한 생활을 할 수 있다고 가르쳤다. 로마 가톨릭에서는 세속적인 직업의 영역에서 일하는 것을 하나님의 축복이라고 간주하지 않았다. 칼뱅은 매우 강하게 반박하였다. 성직자나 변호사가 수도공으로 일하는 사람보다 더 고상하다고 말할 수 없다. 칼뱅은 실제 세상에서 일하는 사람들은 모두 다 하나님으로부터 '부르심'을 받았다고 믿었다. 아무리 비천한 직종이라도 하나님께 영광을 돌려드리는 기회를 제공하고 있다. "우리는 이 소명에서 하나의 위로를 받게 될 것이다. 천박하다거나 더럽다거나 비열하다고 말할 수 있는 직업이란 없다. 하나님 앞에서 모두 다 아주 귀한 것이며, 빛이 나게 될 것이다"「기독교강요」 III.xi.6.

4
기독교인의 자유

종교개혁 시대에는 기독교 신자의 자유함이라는 주제가 매우 중요한 관심을 끌었다. 그 시대는 왕정통치하에서 진정으로 자유함이 없던 시대였기 때문에, 양심의 자유함이라도 주장해야만 했다. 그런데 양심은 하나님의 말씀에 사로잡혀야만 진정한 자유를 누릴 수 있다. 기독교인은 성령의 인도하심 가운데서 자유를 누리고 살아간다.

칼뱅의 자유론에는 크게 세 가지 주제들이 담겨 있다. 첫째로, 율법에서의 자유함이다. 예수 그리스도 안에서 자유함과 책임감을 동시에 가지고 있다. 기독교인들은 오직 하나님의 은혜로 구원을 받았다는 확신을 가진다. 예수 그리스도 안에서 살아가는 사람들은 율법주의로부터 자유하다는 말이다. 성도는 율법을 지키고 준수하여서 구원을 얻는 것이 아니다. 예수 그리스도를 믿음으로 값없이 그리스도의 피흘림과 부활의 공로를 부여받는다. 율법은 복음의 한 형태이기에, 무조건 버릴 것이 아니다.

그리스도인들은 구원의 은혜에 대해서 감사하기 때문에 하나님의 뜻을 따르고자 하며 순종하려고 노력한다. 새롭게 변화된 자아를 가진 성도는 자유로운 순종이요 자발적인 순종을 하고자 분투노력한다. 죄에 얽매여 있는 사람들에게는 자유라는 것이 있을 수 없다. 그러나 새로운 마음으로 변화를 받은 성도들은 율법의 요구에 강압적으로 따라가는 것이 아니라 즐겁게 따라가게 된다.

둘째로, 칼뱅은 당대 종교개혁자들이 다루었던 자유의 영역에 대해서 보다 성경적으로 제시하였다. 성경에 명쾌하게 지시되지 않은 것들은 '자유의 영역'이라고 부른다. 라틴어로 '아디아포라adiaphora'라고 규정하는데, 성경 안에서 확정적인 지침을 찾을 수 없어서 이렇게 해도 되고 저렇게 해도 되는 분야들이다. '아디아포라'에 해당하는 사항들에 대해서는 다양한 의견을 허용하였다. 기독교인 사이에 서로 입장이 다르다고 해서 교제를 단절할 만큼 심각하게 취급할 수 없는 주제들이 있는 것이다. 예를 들면, 칼뱅은 예배를 드릴 때에 꼭 무릎을 꿇어야 하느냐에 대해서 아무런 문자적 지시가 성경에 들어 있지 않으므로 어떻게 하든지 상관이 없다고 말하였다. 목회자가 예배를 인도하면서 성스러움을 상징하는 가운을 입어야 하느냐 벗어야 하느냐에 대해서도 논쟁할 일이 아니라고 하였다. 어떤 결론에 도달해도 문제가 될 것이 없는 것들이 많다. 디모데전서 2장 11-12절에 여성이 공적인 직분을 맡아서 지도력을 발휘하는 것에 대해서 부정적으로 언급하고 있는 것과 고린도전서 11장 5절에서 머리에 수건을 쓰는 것 등에 대해서 당시의 상황적인 반영이 들어 있는 만큼 미래에 변화의 여지를 남겨두었다.

어떤 교회에서는 자기 나라 국기를 예배당 안에 설치해 놓고 있다. 이런 것은 과연 논쟁을 해야만 하는 것일까? 기독교인이라고 하더라도 서로 다를 수 있을 것이다. 그러나, 국가가 예수 그리스도의 주권을 인정하지 않는다면 어떻게 할 것인가? 기독교를 박해하는 나라에서 국기를 교회당 안에 설치하라고 한다면 이것은 반대하지 않을 수 없을 것이다. 하나님을 섬기는 행위를 최우선으로 삼는 교회가 국가권력에 아부하는 것이기에 배교행위에 해당하는 것이다.

칼뱅은 양심의 자유함을 매우 중요시했다. 그리스도 안에서 성도들은 값없이 주신 믿음을 통해서 하나님의 자녀로 양자된 자들이다. 종이나 노예처럼 두려워하는 심령을 가진 것이 아니다. 로마서 8장 15-17절에서 사도 바울은 성도들이 하나님을 "아바 아버지!"라고 부르게 됨을 가르쳤다. 하나님의 자녀이기에 성령으로 인해서 하나님을 부르는 호칭이 자연스럽게 가능해진다. 하나님의 자녀가 된 자들에게는 상속과 기업을 주시며, 그분을 경외하고 영광을 돌리고자 할 때에 어떤 고난이라도 참고 이겨낸다.

셋째로, 자유함은 영적인 분별력을 가져다 준다. 모든 것이 가능하지만, 그러나 모든 것이 교회에 유익한 것만은 아니다. 교회와 사회에서 실제적인 면에서나 교리적인 면에서나 크게 문제가 되지 않는 것들을 제외하고는 어떤 특정한 역사적 상황에서 벌어지는 것들을 포용하고 관대하게 허용할 수 있다는 것이다. 칼뱅의 입장에서 교회가 통일을 이뤄야만 하는 것으로는 삼위일체 하나님에 대한 고백과 은혜로 인해서 예수 그리스도를 믿음으로만 주어지는 구원과 참된 교회의 표지에 관한 것들이었다. 이런 것들이 가장 근본적인 것이고, 나머지 부분에서 서로 다른 차이가 나는 것은 얼마든지 타협하고 용납할 수 있다고 보았다.

사실 칼뱅은 다른 입장을 가진 종교개혁자들과 서로 협조하고자 했고, 자신의 목회방식만이 옳다고 주장하지를 않았다. 자기가 옳다고 확신했던 일에 있어서도, 특히 성만찬을 매 주일 거행하고 싶어 했지만, 시민들이 아직 따라오지 못하는 경우에 목회적으로 유보하고 절제하였다. 칼뱅은 다른 사람들을 공격하거나, 같은 기독교 형제들이나 자매들을 비난하는 행동을 절제하라고 충고하였다. 칼뱅은 상호 존중하고 배려하는 자세를 매우 중요시했다.

5
기도

기도는 하나님과의 영적인 대화이다. 신앙을 유지하는 데 호흡과 같은 것이다. 칼뱅의 『기독교강요』80장 중에서 가장 많은 분량을 차지하는 장은 기도에 관한 부분이다. 그런데 현대 조직신학 교과서에는 기도의 중요성과 원리와 실천에 관한 진지한 논의가 빠져버렸다. 필자는 이런 현대신학자들의 변질을 칼뱅과 비교하면서 발견할 수 있었고 세계 칼뱅학회에 나가서 이를 시정할 것을 진지하게 요청하고 큰 호응을 얻은 바 있다.[41] 하나님의 큰 은혜로 한국교회는 남달리 기도중심의 신앙훈련을 전 세계적으로 가장 잘하고 있으며, 갖가지 기도집회가 활성화되어 있다. 한국 교회를 지탱해온 매우 소중한 전통이요, 앞으로도 더욱 힘써서 감당해야 할 가장 중요한 임무이며, 성경이 강조하는 삶에 충실한 내용을 이루게 하는 첩경이다. 특히 새벽기도 모임은 이미 필자가 다른 글에서 그 역사적인 정황을 밝힌 바와 같이, 초기 한국 주재 칼뱅주의

선교사들의 영향을 받아서 평양 장대현교회에서 길선주 목사가 시행한 매우 중요한 경건의 시행이었다.[42]

개혁교회에서는 칼뱅의 기도에 관한 가르침에 따라서 기독교 신자로서 살아가는 생활의 핵심요소로 노력하고 있다. 기도는 하나님과의 대화를 통해서 음성을 분별해서 따라가도록 돕는다. 예수 그리스도가 마지막 순간 겟세마네에서 기도를 드리고 하나님의 뜻을 깨우쳤고, 구원사역을 성취하였다.

칼뱅은 우리의 기도 생활에서 최고의 모델은 예수 그리스도가 가르쳐 주신 기도라고 확신하였다. 기도를 가르쳐달라는 제자들에게 가르쳐 주신 기도문은 습관처럼 암송하거나 반복하라고 제시한 것은 아니었다. 마태복음 6장 9-13절, 누가복음 11장 2-4절에서 예수님은 가장 좋은 방식으로 기도해야 할 것을 가르쳐주셨다. 이 기도문에서 먼저 관심을 끄는 것은 하나님께 관련된 것들에 대해서 간구하도록 가르친 부분들이다. 평소에 열심히 기도하는 사람이라도 자신에게 속한 것에 집중하는 것으로 모든 시간과 에너지를 집중하기 쉽다. 그런데 예수님의 기도는 하나님을 사랑하고 봉사하며 다른 사람을 위해서 기도하라는 것이다. 주님이 가르쳐주신 기도문을 요약하면 하나님을 사랑하고, 이웃을 사랑하는 것이다.

예수님의 기도문에는 분명한 구조가 들어 있다. "하늘에 계신 우리 아버지시여"라고 직접적으로 하나님을 부르는 호칭으로 시작한다. 우리가 아버지라고 부르는 것은 우리 자신에게 속한 삶의 모든 것을 하나님과 연계시켜야만 한다는 것이다. 하나님의 사랑과 은혜는 어떤 한 민족에게 집중해 주어진 것도 아니요, 어떤 종파에게만 주시는 것도 아니다. 어떤 특수 계층이나 어떤 인종에게만 속한 것이 아니다. 하늘에 계신 우리 아버지는 남자든지 여자든지 어떤 형편에 처한 사람이든지 모두 다 차별 없이 포용하고 품고 계신 분이다.

주님이 가르쳐주신 기도문은 모두 여섯 가지 내용으로 정리된다. 앞부분에는 세 가지 간구를 드리는데, ① "이름이 거룩히 여김을 받으시오며" ② "하나님의 나라가 임하시오며" ③ "뜻이 하늘에서 이루어진 것같이 땅에서도 이루어지게 해 주옵소서"이다.

첫 간구는 우리의 호흡을 정결하게 씻어버리는 역할을 한다. 첫 마디를 통해서 기도하는 우리가 놀라운 마음으로 하나님의 위대하심을 바라보게 한다. 홀로 뛰어나신 분이기에 하나님의 이름은 마땅히 존귀하게 취급을 받아야 한다. 하나님은 모든 찬양과 명예와 영광을 받으셔야만 한다.

둘째 간구는 개혁교회 성도들이 가장 중점적으로 가슴에 품게 된 주제로서, 하나님의 나라가 임하기를 탄원하는 내용이다. 이미 이 세상 속에서 하나님의 통치가 시행되고 있지만, 아직 완전하게 모든 만물에게 하나님의 통치를 나타낸 것이 아니다. 성경은 장차 하나님의 나라가 나타나게 될 것이라고 증거하고 있으니, 그 충만하게 역사하심을 간구하는 것이요, 속히 그 나라가 나타나기를 간청하는 것이다.

셋째 간구는 하나님의 나라가 지속적으로 진행되어서 하나님의 뜻이 성취되는 것이다. 하나님의 뜻이 하늘에서 펼쳐지는 것처럼 이 땅 위에서도 나타나게 되면, 하나님을 향한 우리의 믿음이 더욱 구체적으로 확신을 갖게 될 것이다.

두 번째 부분의 기도는 우리 자신들의 필요에 대한 간구들로서 역시 세 가지를 간구한다. ④ "날마다 일용할 양식을 주시옵시며" ⑤ "우리가 우리에게 죄 지은 자를 사하여 준 것같이 우리의 죄를 용서해 주시오며" ⑥ "우리를 시험에 들지 말게 하옵소서."

넷째 간구는 날마다 우리가 응답을 받고 있는 내용이기도 하다. 이 세상은 하나님의 좋은 선물로 사람에게 주어진 것이다. 이 땅 위에 살아가는 사람들은 여기서 나는 것을 가지고 배를 불리며 살아가고 있다. 일상에서 생계를 유지하도록 충분한 물자들을 주셨는데도 불구하고 사람들이 먹고 살아가는 일에 방해를 하고 있는 걸림돌은 사실 사람들이다. 하나님이 풍성하게 주신 것을 즐기지 못하게 하는 당사자들이 바로 인간이다. 여기서 일용할 양식, 혹은 빵이라는 단어는 단지 먹는 것만이 아니라, 다양한 음료수와 간식, 의류, 의학적인 도움과 약품, 쉼터와 주거지 등이 포함된다. 인간이 날마다 필요한 양식을 간구하는 것은 하나님께 절대적으로 의존하는 존재라는 것을 인식하는 행위이다. 동시에 다른 사람들의 결핍도 돌보아야만 한다는 말이다. 가난한 사람이나 부유한 사람이나 날마다 필요를 채워주고 정신적으로 감정적으로 돌보아주는 분이 있어야만 한다.

다섯 번째 간구의 내용은 죄의 용서를 비는 회개인데, 자신의 잘못을 용서받는 기도를 드리면서, 다른 사람에게도 용서를 베풀어 주라는 것이다. 오늘날 분열과 대립과 충돌이 있는 곳에서 회복되어야 할 모습이 바로 용서다. 다른 사람들의 불신앙을 비웃고 비난하고 조롱하면서 자기만의 의로움을 내세우는 자들은 하나님 앞에서 용서받을 수 없다. 자기를 부인하지 못하는 자들은 용서를 비는 기도를 드릴 수 없게 되므로 먼저 이웃을 배려하여야만 한다.

마지막 여섯 번째 간구는 하나님이 우리를 악의 미혹에서 구출해 달라는 내용이다. 반대로 말하자면, 하나님이 우리를 미혹 당하게 허용하실 수 있다는 말이어서, 결국 하나님의 도우심이 없이는 인간이 아무것도 이겨낼 수 없음을 인정하게 된다. 예수님께서 광야에서 사탄의 시험을 받으실 때에 하나님의 말씀으로 이겨냈다. 우리도 역시 시험을 당하게 되면 철저히 하나님을 의지해서 사태의 전말을 인식하고 진행방향을 분명히 발견하여야 한다. 우상을 숭배하라는 미혹을 받을 경우, 우리가 분명한 책임의식을 가지고 경솔하게 처신해서는 안 되는 것이다. 강압이나 사리사욕이나 폭력 등에 휩쓸리지 않고 개인적으로나 조직적으로나 악에서 구원을 받을 수 있다. 어떤 경우에서나 우리가 죄악에서 구출받을 수 있는 것은 오직 하나님의 권능에 의지해서 살아가야만 하는 존재임을 인식하도록 하는 기도가 필요하기 때문이다.

마지막으로 하나님께는 나라와 권세와 영광이 항상 함께하시기를 기원드리고, 아멘으로 마친다. 하나님의 영광을 높이고 찬양하는 것은 칼뱅이 항상 신앙의 핵심 원리로 손꼽는 부분이다. 오직 하나님의 권능에 의존할 때에만, 우리가 믿음으로 기도를 올릴 수 있다. 하나님은 우리의 눈에 흐르는 피눈물을 닦아주는 분이오, 모든 상처를 싸매어주는 분이며, 우리 구원의 과정에서 방해되는 모든 장애물을 제거해 줄 수 있는 분이다. 칼뱅은 몸의 부활과 영생의 기대를 가지고 살아갔다. 하나님께서 과거에 인도해 주셨기 때문에 우리는 현재 이 순간에도 하나님의 보살피심을 인식할 수 있다. 우리가 하나님의 신실하심을 경험하였기에 감격하고 기대하며 나갈 수 있다. 하나님께서 친히 우리를 부르고 건져주고 용서하고 고쳐주고 준비시켜주며 보호하신다.

8

교회의 본질과 사명

종교개혁은 기본적으로 교회론의 대변혁이었다. 중세 말기의 시대상황에서 가톨릭 교회는 일반 성도들의 불신과 의혹의 대상으로 군림하고 있었다. 성직자 중심주의에 대한 반발로 루터가 제기한 '만인제사장'이라는 개념이 퍼져나갔다. 칼뱅도 루터의 견해를 따라서 영적으로 볼 때에 성직자라는 개념은 로마 가톨릭 교회의 성직자에게만 제한적으로 주어진 것이 아니라고 확신했다. 하나님께서는 교회라는 제도를 벗어나서 얼마든지 역사하고 계신다는 개념으로 로마 가톨릭 교회의 가르침에 정면으로 도전하는 주장이었다.

그러나 모든 성도가 영적인 제사장 직분을 감당한다는 개념이 교회가 필요하지 않다거나 무익하다는 가르침을 포함하지는 않는다. 칼뱅은 기독교 신자의 삶에서 교회가 차지하는 비중을 매우 중요시했다. 영적인 나그네의 삶을 영위하기 위해서는 보호하고 돌보아주는 '외적인 은혜의 수단'으로서 교회가 반드시 필요하다고 보았다. 칼뱅은 교회는 마치 어머니의 역할과 같이 양육하고 보살피고 채워주고 돌보는 기능을 감당한다고 강조했다.

교회의 권위에 도전하면서 소수의 성도들이 임의로 모여서 스스로 교회라고 주장하는 것에 대해서 단호히 비판하였다. 그런 교회는 무정부상태와 같은 위협을 가하는 것이고, 급진적이요 위험한 발상이라고 보았다. 칼뱅은 교회의 권위가 사도적 계승권에서 나오는 것이 아니라 하나님의 말씀에서 나온다고 강조하였다. 교회의 정체성은 예수 그리스도의 복음 속에 근거한 것이요 그 안에 들어 있으며, 사람의 창작물이 아니라 하나님의 계획에서 만들어진 것이다. 교회는 성령의 선물로서 세상에 모습을 드러냈고, 그 역할을 감당하게 되었다.

1
정통 교회의 본질

초대교회는 주후 325년 니케아 종교회의에서 간결하지만 매우 중요한 개념을 제시하였다. 교회란 "하나이며, 거룩하며, 보편적이며, 사도적인 교회"라고 선언하였다. 이 개념은 오랫동안 정통교회의 질적인 특성을 규정하는 개념으로 강조되었다. 정통교회라는 말은 올바른 교리와 가르침을 따르고 있다는 말이다. 복음에 관해서 바른 교훈을 가르치는 교회라야만 정통교회라고 말할 수 있다. 그러나 칼뱅에게 정통교회의 기준은 오직 하나님의 말씀이다. 하나님의 말씀은 단순하고 명쾌하여서 굳이 로마 가톨릭 성직자들, 특히 교황이나 주교들의 선언과 해석이 있어야만 확정되는 진리가 아니다. 하나님의 말씀은 누구에게나 쉽게 가르쳐질 수 있다. 그러나 오랫동안 로마 가톨릭 교회에서는 범세계적인 체제와 상하구조의 제도를 가지고 정통성을 주장해오고 있었다.

정통교회의 본질적인 구성요소와 내용에 대한 해설이 왜곡되면서 제도적인 교회 중심으로 굳어지고 말았다. 교회는 하나라는 선언은 교회의 통일성을 말하는 것인데, 오직 로마 가톨릭 교회의 행정조직 하에 있어야만 정통교회라고 부를 수 있는 것으로 변질되었다. 교회의 거룩성을 설명하는 중요한 요소는 성직자들과 지도자들의 특수한 영적 신분에 의존해서 유지되고 있는 것으로 왜곡시켜버렸다. 하나님의 말씀을 듣고 영적으로 성숙해 나가는 요소는 배제되고 말았다. 교회는 죄인들이 모여 있는 곳인데 이 세상에서 완벽한 거룩성을 유지하는 것은 불가능하기 때문이다. 교회가 거룩하다는 것은 지금 그 안에 모여 있는 성도들이 전혀 죄가 없기 때문에 가능한 것이 아니라, 하나님의 영광을 드러내기 위해서 죄로부터 구별된 사람들로 따로 모이고 있기 때문이다.

로마 가톨릭 교회는 가장 정통성을 내세우는 조항으로 '사도적 교회'라는 개념을 들고 있는데, 이것도 매우 조작된 해석이 들어가 있다. 사도 베드로가 다른 사도들보다 높은 지도적인 위치에 있었다고 주장하면서, 그가 로마에서 순교하기 직전에 로마 주교에게 세상의 모든 교회를 지도하는 사도적 수위권을 물려주었다고 주장한다. 로마제국 하에서 세속권세처럼 중심부에 위치한 로마 주교는 지금까지 연속된 지도권을 계승하고 있다고 억지를 부리고 있는 것이다. 사도적인 교회라는 정신은 성경에 증거된 바 사도적인 가르침에 충실한 교회를 의미한다.

정통교회라는 것이 어떤 규정이나 조항에만 묶여 있는 고정적인 개념이라고 생각해서는 곤란하다. 주후 325년 니케아 종교회의에서 삼위일체 하나님의 교리를 확정했다. 성부와 성자는 신성과 권위가 전혀 다르지 않은 동일 본질이라고 고백하였다. 주후 451년 칼세돈 신경에서는 예수 그리스도의 신성과 인성에 관련된 조항들을 채택하였다. 그러나 종교회의에서 결정된 조항들을 주요 신앙고백으로 삼고, 그 고백서를 따라가는 교회들이라고 해서 모든 시행하는 예배와 행정이 다 옳다고 할 수는 없다. 칼뱅은 동방 정교회가 모자이크와 벽화, 성스러운 그림을 유리창에 그려놓고 영감을 얻는다고 하면서 공경하는 일체의 행위를 거부하였다.

교회가 바로 설 수 있는 길은 복음, 기쁨의 좋은 소식을 선포하는 교회가 되는 길이다. 예수 그리스도의 십자가와 부활을 증거하여서 죄사함의 도리를 선포하는 교회가 복음을 전파하는 교회이다. 하나님의 말씀에 따라서 지속적으로 자신을 돌아보고 점검하며 반성하는 교회가 되어야만 한다. 교회의 지속적인 자체 개혁은 교리를 정립하는 것만이 아니라, 예배와 기도와 성도들의 모든 생활을 하나님의 말씀 아래 비춰서 살아계신 하나님의 은혜를 통해서 다시금 새로워지도록 갱신시키는 일이다.

사도들의 신앙을 요약했다고 하여 『사도신경』이라고 불리는 고백문에는 예수 그리스도의 구원사역이 집약적으로 정리되어 있다. 하지만, 좀 더 자세하게 예수 그리스도의 왕, 제사장, 선지자의 직분을 표현하려면 내용이나 분량에서 길어질 수밖에 없다. 예수 그리스도의 사역과 신분에 대해서 자세히 설명하는 문서들이 16세기에 쏟아져 나왔다. 개혁주의 교회들은 신앙고백서들과 교리문답서를 발표하여 자세하게 기독교 정통 신앙을 만천하에 표방했다. 예를 들면, 1537년 제네바 교리문답서가 발표되었는데, 이는 독일 루터파 교회에서는 아우구스부르크 신앙고백서(1530)로 통일되었던 것에 비견할 수 있다. 프랑스 갈리칸 고백서(1559), 스위스 헬베틱 신앙고백서(1536), 제2 헬베틱 고백서(1562), 하이델베르그 교리문답서(1563) 등 각 지역과 도시마다 교회의 통일된 입장이 공표되었다. 이런 개혁주의 고백서들은 칼뱅의 저술에서 크게 영향을 입었으며, 개신교 정통신앙의 선포이자 교육자료가 되었다.

2
참된 교회의 표지들

개신교회에 대해서 로마 가톨릭이 '트렌트 종교회의'(1545-)를 열고 저주를 선언하게 되자, 참된 교회란 어떤 요소를 가져야 하는가에 대해서 깊은 관심과 우려를 갖게 되었다. 이를 염두에 둔 칼뱅은 첫째 하나님의 말씀이 바르게 선포되고, 둘째 성례가 정당하게 집행되는 곳이 참된 교회라고 규정하였다. 이 두 가지 표지를 갖고 있으면서 드러내면 참된 교회라고 말할 수 있다. 다른 개혁주의 교회에서는 세 번째 당회에서 권징을 합당하게 시행하는 곳이어야 한다고 첨가하였다. 목사와 장로로 구성된 당회조직을 성경적으로 회복한 최초의 신학자 칼뱅은 세 번째 표지를 열렬히 주장하고 시행하고 있었다. 권징의 시행이란 교회의 본질 속에 포함된다고 강조하였다. 교회의 권징이란 제네바 시정부의 권세에 맞서서 교회가 출교권을 독립적으로 시행하는 자율적 지위를 확보하는 것을 말하는데, 칼뱅은 기독교 역사상 최초로 시행된 이 제도의 정착을 위해서 전력을 다했다.

당회는 성도의 윤리적인 행동이나 외부로 드러나는 불법만을 처벌하고 교정하였을 뿐만 아니라, 개인적인 여러 가지 일을 다루었다. 매주 목요일마다 목사와 장로들이 모여서 교회와 도시 안에서 성직자에 대한 존경심의 문제들, 예배당 건물의 보수와 술 마시는 일에 관한 금지조항들, 재정적인 논쟁들, 부부간의 정절문제, 이혼 관련 논쟁들, 긴급한 구제와 봉사에 관한 일 등을 다루었다. 그러나 당회는 직접 체벌을 가하는 행정기관이 아니어서 권고와 심한 경우에는 고발조치하는 일에 그쳤다.

하지만, 당회의 권징과 처리는 영적인 목적이 있었다. 함부로 기독교인이라고 자처하면서 게으르고 나태한 자들의 거짓된 주장으로부터 참된 성도들을 보호하는 일이다. 회개하지 않고 무례하게 구는 자들에게 권징을 시행함으로써 참된 성도들을 구별 짓는 일을 하고자 함이었다. 권징을 시행하는 이유는 참된 회개를 촉발시키고, 죄를 범한 자에게는 진실된 회복의 기회를 제공하여 준다. 칼뱅의 제네바 당회는 책벌을 내렸다가도 반성하고 뉘우치는 태도를 보이면, 3개월이나 6개월 이내에 해벌을 하는 조치를 취했다. 당회는 매우 겸손하고 조심스럽게 권위를 시행했다. 오늘날로 표현하자면, 수준 높고 격조가 있는 공적인 목회상담을 하는 것이라고 볼 수 있다. 객관적이고 공감대를 높이는 토론과 대화는 오늘날 개인주의적인 경향과는 상당히 먼 것이다. 당회는 분별력과 교정과 지혜를 공유하고 시행했다. 출교나 수찬정지의 처벌을 가했다 하더라도 영구히 하는 것이 아니라 회개하게 되면 언제나 풀어주었던 것이다.

하나님의 말씀 선포와 성례의 시행과 권징의 실시를 핵심 사역으로 감당하는 교회라고 한다면, 그런 교회의 조직을 제멋대로 떠나는 것은 죄악이라고 칼뱅은 지적하였다. 참된 교회를 지키고 세워나가는 데 관심을 가졌던 칼뱅은 핵심적인 기독교 교리에 위배되지 않는다면, 성도의 자유영역에 속한 것들은 포용적으로 받아들이고자 했다. 칼뱅의 생존 시절에는 지역별로 단 하나의 교회가 있었다. 교파나 교단이 다른 교회들이란 전혀 없었다. 스위스 각 자치 도시들에는 지역 공동체의 중심이 되는 개신교 교회가 세워져 있었다. 그 각 지역교회들이 '올바른 가르침'을 전파하고 있다면 분열해서는 안 된다.

기독교의 핵심적인 교리가 무엇인가에 대해서는 아주 짧은 목록으로 제시하였다. "하나님은 한 분이시다. 그리스도는 하나님이시며 사람이시다. 우리의 구원은 하나님의 은총에 근거한다. 그리고 이와 같은 것들이다"『기독교강요』 IV.i.12. 그 밖에 많은 교리들은 서로 다를 수 있음을 합당하게 인정하고 받아들였다. 비본질적인 것들에 관한 교리적 차이 때문에 교회를 분열하는 것은 정당화될 수 없는 일이다. 고린도전서 14장 30절을 해석하면서 칼뱅은 교회 안에 수많은 오류가 있었음에도 불구하고, 사도 바울이 그런 고린도 지역의 성도들을 교회라고 부르고 그리스도 안에서 하나 됨을 지키라고 가르쳤음에 주목하라고 당부하였다.

3
복음전파와 선교적 사명

개신교회의 특징은 철저한 말씀의 전파와 선교적인 사명을 충실히 이행하는 데 있다. 어느 곳이든지 종교개혁의 정신을 가진 교회들은 하나님의 말씀을 중심으로 모든 교회 행사를 진행했다. 먼저 훈련받은 목회자들을 통해서 성경의 가르침을 듣고 예배를 통해서 영광을 돌리고, 실천적으로 따르고자 노력하였다.

칼뱅의 제네바는 성경으로 교훈을 받는 훈련소와 같이 되었다. 주변 유럽 국가에 복음의 일꾼을 파송하고 확고한 진리를 제시하는 복음운동의 사령부와 같이 되었다. 이 도시에는 각처에서 개신교 종교개혁을 받아들임으로써 핍박을 받던 난민들이 모여들었다. 복음은 모든 사람에게 전파되어야 한다는 확신으로 가득 찼던 칼뱅은 왕이나 귀족들이나 비천한 자들에게 차별 없이 증거하였다. 복음을 들으면서 하나님의 임재와 동행에 대한 확신을 갖게 되고, 살아계신 하나님의 주권과 인생의 실상에 대해서 철저히 깨닫게 된 피난민들은 다시 고국으로 돌아가서 복음의 비전을 달성하려는 열망을 가지게 되었다. 수많은 신학교 졸업생이 순교를 각오하고 프랑스로 돌아갔다.

1555년경부터 제네바 목회자들은 주변 국가들로 복음 사역자들을 파송하기 시작했다. 프랑스와 이탈리아에서는 강압적으로 개신교회를 짓누르던 시대였으므로, 다시 돌아가는 사역자들이 처한 환경은 참담하기만 했다. 프랑스로 돌아간 성도들을 '위그노'라고 부르는데, 1556년경부터는 브라질 선교를 후원하였다. 간혹 로마 가톨릭 교회는 일찍부터 선교를 했는데 칼뱅의 제네바 교회는 선교가 부족했다고 말하곤 한다. 그러나 이것은 실상을 제대로 파악하지 못해서 하는 말이다. 당시 로마 가톨릭의 선교는 제국주의 확장의 일환으로 식민지를 만들려는 국가적 사업이었다. 하나님의 말씀을 따라서 순수한 복음운동을 전개하는 것이 교회의 사명이었고, '제네바 아카데미'를 졸업한 복음의 일꾼들을 수천 명 배출해서 유럽 각처에 파송하는 역동적인 교육이 칼뱅의 주도로 추진되었다.

복음은 언제 어느 곳에나 어느 세대에게나 중요한 의미를 가진다. 성경적인 신앙을 갖는 것은 삶의 의미와 목표를 발견하게 해 주는 일이다. 그 누구도 부인할 수 없는 인간의 한계와 삶의 방향에 대해서 진정한 평안과 위로를 갖게 해 주는 일이기에 복음의 사역은 멈출 수 없는 일이다. 지금은 전 세계

정치상황과 경제구조가 완전히 바뀌어 버렸지만, 칼뱅의 시대에 남긴 교훈은 여전히 중요한 지도력의 핵심이 될 수 있다. 과거의 오류를 과감히 벗어 버리고, 하나님께서 우리에게 주실 희망을 찾아서 나아가는 도전과 용기가 필요한 시대이다.

4
설교 중심과 예배 회복

칼뱅이 남긴 매우 중요한 영향 가운데 하나는 일반 평신도들의 참여를 확대함으로써 교회의 예배를 성경중심으로 생동감 있게 변화시킨 것이다. 중세시대의 예배는 성직자들의 자발적인 헌신과 주도적인 인도를 따라서 가도록 구성되어 있어서, 평신도들은 전혀 참여하지 않았다. 성상이나 성물을 숭배하고, 성지순례를 미덕으로 칭송하며, 마리아와 성자들에게 중보기도를 올렸고, 감동 없는 고해성사를 의무적으로 다녀왔으며, 기독교인만이 지키는 달력에 의해서 의례적으로 각종 기념일을 반복하였다. 사회 전체가 교회제도와 가치를 떠받드는 기독교 왕국의 변질된 구조였기에 진정한 감동이라기보다는 권력의 집행과 같은 것이 바로 예배였다.

대부분 성도는 영적으로 자랑할 만한 공로를 세우고, 칭송받을 만한 선행을 흠모하였다. 칼뱅은 어린 시절에 누아용 교회에서 성장하면서 성상숭배를 배우게 되었다. 그가 어른이 된 후에 모든 것을 다 버렸지만, 거대한 고딕식 예배당에 장식된 성자들의 조각물들은 예수 그리스도의 십자가에서 발휘되어야 할 영광의 광채를 잠식하고 있었다.

중세 시대의 이런 자발적인 헌신은 각자 구원을 얻기 위해서 공로를 축적하는 과정이었다. 그러나 종교개혁자들이 구원이란 오직 믿음을 통해서 값없이 거저 주시는 하나님의 은혜에서 나온 것임을 강조하면서 중세 기독교의 체계는 완전히 의미를 상실하게 되었다. 선을 행하여 의로운 열매를 남기라는 가르침을 개신교에서 철저히 다 배척한다는 것은 아니었다. 기본 구조를 완전히 달리하여서, 사람이 자신의 종교적인 성취로서는 얻을 수 없음을 철저히 인식하게 되었던 것이다.

칼뱅이 가장 중요시했던 것은 성경을 가장 중요한 진리의 기본 원리로 삼는 기독교로 회복하는 것이고, 하나님의 능력과 지혜를 선포하는 것이었다. 예배의 모든 부분 중에서 설교가 가장 중요하게 취급되었다. 하나님의 말씀이 제대로 선포되는 곳에 교회가 있다. 하나님의 말씀이 있는 곳이라야만 참된 교회라는 말이다. 이런 개신교회의 예배에서 종종 일반성도들은 듣는 일에만 능숙하게 될 수 있는데, 칼뱅은 능동적으로 말씀이 가르치는 것이 무엇인가를 깨달아야만 실천에 옮길 수 있다고 강조하였다. 진리의 말씀을 듣는 것은 매우 중요한 실천의 일환이다.

성경을 강조하게 되자 일반 성도들이 문자를 터득하는 데 깊은 관심을 두게 되었고, 주일날에 하나님의 말씀을 듣고 깨달아서 성경을 더욱더 깊이 파악하고자 하는 열심을 갖게 되었다. 칼뱅의 제네바에서는 신흥 상공인들이 급성장하고 있었는데, 이들은 모두 다 설교자에게 깊은 관심을 갖고 모여드는 회중들의 중심에 있었다. 이들 중류층에 속한 성도들은 새롭고 자유로운 설교에 매료되어서 진리를 발견하고 터득하는 지식적인 발전을 열망하였다. 이들은 칼뱅의 설교를 매우 진지하게 경청하면서 믿음의 도리를 깨우쳤다.

설교자가 신실하게 선포하는 것이라고 한다면, 하나님께서 직접 성도들에게 그 자리에서 말씀하시는 것이라고 칼뱅은 철저하게 확신하였다. 스위스 헬베틱 신앙고백서에는 하나님의 말씀을 설교하는 것이야말로 하나님의 말씀이라고 강조하고 있다. 하나님의 말씀을 이해하고 아는 것이 정말로 중요하다. 기독교 교육의 기초는 성경을 가르치고 알게 하는 것이다. 칼뱅은 교회의 회원권은 성경을 체계적으로 배우는 참된 신앙교육을 이수하는 자에게만 주어야 한다고 강조하였다. 그냥 교회에 나온다고 해서 무작정 회원이라고 취급할 수 없다는 것이다. 성경을 모르고서도 얼마든지 로마 가톨릭 교회의 회원이 되었던 과거와는 전혀 다른 개신교 교회가 세워지게 되었다.

성경을 모르는 중세 말기의 로마 가톨릭 교회는 성상숭배와 유물숭배가 성행했다. 성자들의 행실을 전해 들으면서 확실한 근거도 없이 올리는 미신적인 기도와 추상적인 신비주의는 성도들의 영적인 생활에 중요한 영향을 미쳤다. 칼뱅은 분명한 성경의 근거를 가지고 유행처럼 습관화되어 있던 장식물들, 특히 갖가지 하나님의 형상물에 대해서 반대하였다.

예배를 올리는 장소에 부착되어 있었던 형상물들을 질서 있게 제거하였다. 칼뱅이 모든 장식을 다 제거하지는 않았으나, 하나님의 형상물들에 대해서는 예외 없이 철거하도록 결정하였다.

예배를 위해서 로마 가톨릭 교회는 종교적인 예배예식을 규정하는 달력을 따로 작성하였다. 그러나 종교개혁자들은 이런 기념일과 축제일을 해마다 엄격하게 지키고 다른 시간이나 날짜보다 어떤 행사가 열리는 날을 더 중요시하는 것을 모두 거부하였다. 마태복음 4장 1-3절눅 4:1-3에 나오는 예수님께서 광야에서 40일 동안 금식하시는 것을 기념하기 위해서 '재의 수요일' 이후로 날짜를 계산해서 지키던 금식기간을 칼뱅은 거부하였다. 중세 로마교회에서는 금식기간에 고기를 먹지 못하게 하고 우유제품들도 금하도록 의무적으로 지키도록 강조하였다. 영적인 목적을 위해서 금식하는 것 자체를 칼뱅이 반대한 것은 아니었지만, 일생을 통해서 경건한 마음으로 금식하는 것과 같은 마음자세를 가지고 지내는 것이 더 중요하다고 보았다.

금욕적인 검소함이 몸에 밴 칼뱅의 경건은 참으로 존경할 만한 것이었다. 개혁주의 교회에서는 쓸데없는 감정주의나 열정주의를 배제하였다. 개혁주의 예배에서 강하게 영향을 발휘한 것은 시편 찬송을 운율에 따라서 부르는 것이었다. 칼뱅은 이런 찬송을 부르는 예배를 스트라스부르에서 처음 목격하였는데, 그들은 독일어를 사용하고 있었다. 스트라스부르에 피난 온 프랑스인들을 목회하던 칼뱅은 즉각적으로 받아들였다. 그런 찬송들을 그대로 제네바에 가져와서 보급하게 되었고, 그 후로 비슷한 찬송가들이 더욱더 발전되었다.

결국, 여러 찬송집이 다양하게 출간되다가 1551년에 제네바 찬송집이 칼뱅의 후계자 테오도르 베자의 주도하에 훌륭한 형태로 편집되었다. 칼뱅주의 신앙을 받아들인 프랑스에서도 개혁주의 신앙을 가진 성도들이 이런 찬송을 열렬히 받아들였다. 개혁주의 찬송집은 프랑스 위그노 성도들의 경건을 위해서 깊은 영향을 미쳤다. 지독한 박해의 시절을 거치면서 프랑스 성도들의 시편 찬송집은 강력한 영향을 발휘하였다.

개혁주의 교회에서는 예배에서 평신도에게 더 많은 참여와 권한을 주게 되었다. 장로와 집사의 직분이 일반 평신도들에게 주어져서 중요한 영적인 책임들을 감당하게 하였다. 로마 가톨릭 교회에서는 오직 성직자들만이 신앙적인 책임들을 독점하였다.

칼뱅의 지도하에서 제네바 당회는 시민들의 영적인 상태를 감독하고 지도하였다. 여기에는 성직자들만이 아니라 평신도 지도자들도 포함되어 있어서 신앙생활을 더 잘 하도록 격려하였다. 가난한 자들을 돌보고 구제하는 일들은 집사들의 책임 하에 시행되었다. 성직자와 평신도의 차이는 신분상의 구별이 아니라 영적인 은사와 목회적인 책임감이 다른 것이다. 오늘날 자원봉사나 비정부 사회적 기업들이 하는 일들의 시초는 제네바 교회의 집사들이 시작한 것이다. 관리가 아니라 일반 성도들이 교회의 사역으로 감당했다.

영적인 권한을 목회자와 평신도들이 서로 나눠서 감당하게 된다는 것은 오직 성직자들만 제복이나 가운을 입고 예배에 임한다는 상징적인 행위에 대해서 다른 입장을 갖게 하였다. 개혁교회 목회자들은 성직자 직분을 드러내는 찬란한 성직자 제복이나 가운의 착용을 금지하게 되었다. 제네바 목회자들은 성만찬을 인도할 때에만 단순한 검정색 가운을 착용하였다. 아주 흔하게 길에서 볼 수 있는 단정한 복장을 입는 것과 비슷하였다. 오늘날의 개신교 목회자들이 예배 시간에 착용하는 가운들을 보면, 성직자의 학위를 상징하는 것으로 변질되고 말았는데, 칼뱅의 시대와는 전혀 다른 모습이 아닐 수 없다.

5
세례와 성만찬

교회에서는 예배의 중요한 부분에서 '거룩한 예식'을 거행한다. 원래 '성례sacrament'라는 용어는 '신비'라는 의미로 쓰이는 라틴어로서 신약성경에 나오지 않는다. 성례가 중요하게 된 것은 시행하는 동안에 참석자들의 내면에 영적인 은총이 전달된다는 것이다. 밖으로는 상징적인 표현물을 통해서 성직자들이 시행하였다. 그러니 하나님의 은총을 전달하는 수단이라고 하는 이 성례가 초미의 중요성을 갖게 된 것이다. 하나님의 영광을 반영하는 행사인데, 내적인 의미와 외적인 표징물이 함께 작동한다.

하지만, 중세시대를 거치면서 토마스 아퀴나스에 의해서 성례의 의미가 엄청나게 부풀려졌고, 하나님의 은혜를 전달하는 일곱 가지 수단이(고해성사, 견진성사, 결혼성사, 임직성사, 종부성사, 세례성사, 성찬성사) 최상의 가치를 지니는 것으로서, 마치 구약시대에 제사장이 은혜를 시행하는 것과 같다고 풀이되었다. 성사를 집행하는 것은 상하 조직으로 구성된 성직자들에게만 속해 있었다. 중세 로마 교회의 사역은 모두 다 이들 일곱 가지 성사에 연계되어서 전개되었다.

칼뱅은 성례의 기본적인 의미를 성경에 있는 약속에 두었다. 예수 그리스도 안에서 구원의 약속을 제시하신 하나님의 확고한 뜻에 연결되었기에 성례를 시행하는 것이다. 하나님의 말씀에 이어서 주시는 부록과 같은 것이다. 설교를 통해서 하나님의 말씀을 설명하는 것과 똑같은 기능을 하는 것이다. 성례는 하나님의 은총을 보다 생생하게 표현하는 것들이다. 하나님의 사랑과 규칙을 직접적으로 맛보게 하고 느끼게 하고 생각하게 하는 것들이다. 그러나 칼뱅은 먼저 하나님의 말씀 선포가 성도의 신앙을 좌우하는 기본이 되는 것이요 우선적인 것이지, 성례를 더 먼저 앞세우거나 우선순위에 두어서는 안 된다고 보았다. 성례는 말씀에 수반되는 이차적인 것이다. 설교가 없는 성례의 시행은 상상할 수 없었다.

중세 말기 로마 가톨릭 교회의 성례론은 칼뱅이 성례의 의미와 종류에 대해서 완전히 새로운 해석을 내놓음으로 말미암아 완전히 다른 국면을 맞이하게 되었다. 종교개혁자들은 일곱 가지 성례를 반박하고, 단 두 가지 세례와 성찬으로 제한했다. 칼뱅은 예수 그리스도가 직접 명령하시고 시행하신 것은 이 두 가지뿐이라고 주장했다. 발을 씻어주신 예수님의 교훈도 성례에 포함시키지 않았다. 세례는 성도의 생애에 단 한 차례만 시행하는데 신앙을 고백하여 은혜의 언약에 들어온 것과 교회 공동체의 일원이 됨을 의미한다. 성만찬은 반복적으로 시행하여 빵과 포도주를 통해서 성도들이 지속적으로 부활하신 그리스도와의 만남을 체험하게 한다.

칼뱅의 성례론이 로마 가톨릭과 다른 것은 근본적으로 교회의 개념과 그 사역에 대한 규정을 다르게 하는 데서 나온 것이다. 교회라는 곳은 상하 구조로 조직된 기관이나 집단이 아니라, 선택을 받은 성도들의 공동체라고 칼뱅은 규정하였다.

중세 교회에서는 미사가 핵심을 이루고 있었는데, 칼뱅과 종교개혁자들은 실질적인 하나님과의 교통을 이루는 데 초점을 맞추었다. 기적을 가져온다고 해서 받아먹는 성만찬에 무작정 참여하는 것이라든지, 라틴어로 진행되는 미사에 아무런 내용도 모르고 짐작으로 참석하는 것을 완전히 개혁하였다. 개신교 예배에서는 각 지역 언어로 번역된 성경본문들과 예배언어들이 사용되었다. 가장 크게 바뀌어진 것은 빵과 포도주를 일반성도들도 다 받을 수 있게 나누어 주는 부분이었다. 성령의 사역을 통해서 믿음을 가진 성도들에게 영적으로 임재하시는 예수 그리스도와의 교통이 강조되었다.

종교개혁자들은 세례와 성찬에 대한 성경적 해석을 새롭게 제시하였다. 대부분 유럽인은 유아세례를 받고 어린 시절부터 성장해 오던 로마 가톨릭 교인이었다. 그러나 성직자들 중심의 교회체제가 강요하는 바에 따라서 성례에 참여하다보니 진정한 감동을 전혀 느끼지 못하고 있었다. 믿음의 확증이요, 기독교인의 출발을 의미하는 세례는 그리스도의 사역으로 인해서 죄를 씻는다는 의미에서 머리에 물을 뿌렸다. 이제는 하나님께 기쁨이 되는 삶을 살아가겠다는 다짐의 표시이자, 옛 사람은 그리스도와 함께 십자가에 달려서 죽었다는 것을 가시적으로 표현하는 것이다.

세례를 받아야만 구원을 얻을 수 있는가? 로마 가톨릭과는 달리, 칼뱅은 결코 그렇지 않다고 반박하였다. 기본적으로 신학의 모든 논쟁에서 하나님의 절대적인 주권을 높이고자 했던 칼뱅은 구원이란 오직 하나님의 뜻에 따라서 좌우된다고 강변했다. 다시 말하면, 하나님께서 권능으로 주시는 것이지, 교회에서 신부들이 시행하는 예식에 결부시켜서는 안 된다는 것이다. 사람이 행하는 성례에 의존해서 구원 여부가 결정되는 것은 완전한 곡해라고 반대하였다. 극단적으로 말하자면, 세례를 받지 못한 사람도 하나님께서는 얼마든지 구원하실 수 있다는 말이다. 세례가 구원 여부를 결정하는 것이 아니요, 세례가 구원에 필수적인 것은 아니기 때문이다. 동시에, 칼뱅은 특별한 긴급 상황이 아니라면, 평신도가 세례를 베푸는 것을 반대하였다.

16세기에는 유아세례를 놓고서 세례의 유효성에 관련한 논쟁이 결렬했다. 아무런 느낌이나 반성이나 결심이 없는 영아들에게 유아세례를 시행하여 왔는데, 재세례파에서 이의를 제기하고 나선 것이다. 고백이 없이는 무의미하다는 것이다. 당시 종교개혁을 급진적으로 전개하고자 했던 소수의 분리주의자들은 영아들이나 유아들이 받는 세례를 거부하고 납득할 수 있는 나이에 결심을 통해서 신앙을 표현해야만 한다고 주장했다. 유아시절에 받은 세례는 소용이 없으므로 다시 성인이 되어서 믿음을 고백하고 받아야 한다고 주장했다. 칼뱅은 이들 재세례파에 강력히 맞서서 '언약신학'을 강조하였다. 유아세례는 구약성경에서 지속되어온 하나님의 언약을 근거로 하는 것인데, 전 이스라엘 백성들과 맺은 언약 속에는 어린 유아들이 포함되어 있었다.

하나님께서는 아브라함에게 남자 아이가 팔일 되는 날 할례를 행하도록 명령하였다. 하나님과의 맺는 언약을 피를 흘리고 참여하게 되었다는 것이다. 우리가 주목해야 할 부분은 신약시대에 사도들도 이와 똑같은 맥락에서 하나님의 약속은 부르심을 받은 그들과 후손들이 모두 다 함께 맺는 것이라고 선포하였다는 사실이다행 2:39. 사도 바울은 하나님의 약속이 믿는 자들의 자녀들에게까지도 확장되었다고 선포하였다. 아브라함과 맺은 언약의 범위 안에 어린 유아들도 포함되었다는 상징으로서 할례를 시행했다고 한다면, 유아세례 역시 그리스도 안에서 맺어진 새언약의 범주 안에 아이들이 포함된다는 상징으로 시행될 수 있는 것이다.

유아세례를 베푸는 것은 믿음을 가진 부모에게 신실한 성장에 대해서 약속을 받는 예식이다. 유아의 믿음은 믿음을 가지고 살아가는 부모에 의해서 좌우된다. 예수 그리스도의 성품과 양육에 따라서 자녀들을 양육하겠다고 서약한다. 부모가 자녀들의 신앙적인 성장을 돌보아 주는 의무를 감당하는 것이 가장 중요한 임무이며 사역이다. 부모는 이런 환경을 만들고자 노력하지 않으면 안 된다. 교회를 포함해서 학교, 사회활동에 참여하는 기관 등 모든 기독교 공동체가 노력하지 않을 수 없다. 자녀들이 성장하게 되어서 자신의 이름으로 신앙을 확정하게 되면, 성숙한 신자로서 믿음을 물려받는 것이다.

예수님이 잡히기 전날 밤에 제자들과 함께 포도주와 떡을 나누면서 십자가의 죽음과 피흘림의 의미를 설명해 주고, 부활과 생명의 약속을 남기셨다. 제자들이 받은 명령에 따라서 가장 중요한 예식으로 성만찬을 거행하게 되는데, 영적인 교제이자 엄숙하게 기념하는 순간이요 하나님의 통치가 있음을 감사하고 찬양하는 순간이기도 하다.

칼뱅은 성만찬 신학을 공개적으로 토론하기에 주저하지 않았다. 1538년에서 1541년까지 스트라스부르에 머무는 동안에 마틴 부서와 함께 여러 차례 루터파와 갈등을 빚고 있던 츠빙글리파와의 회합에 참석하였다. 제네바에 다시 돌아온 후에 항상 바쁜 사역에 매달려 있어서 도무지 제네바를 떠날 형편이 아니었지만, 1543년 7월 스트라스부르를 다시 방문하여 상의하였다. 1544년 9월에 루터는 『성만찬에 대한 간략한 신앙고백Kurzes Bekenntnis vom Abendmahl』을 발표하여 점점 더 공개적으로 츠빙글리의 성찬론을 비판하였으나, 칼뱅은 곧바로 11월 25일 불링거에게 편지를 보내서 루터의 성품을 이해하고 용납하라고 부탁하였다. 루터는 "하나님의 뛰어난 종"이라고 칼뱅은 언급하면서, "적그리스도의 규칙을 깨트리고 구원의 교리를 전파하고자 지금까지 수고하는 분"이라고 하였다. 양측이 서로 충돌하게 되면 일반적인 난파선이 되고 말 것이라고까지 호소하였다. 그러나 취리히 교회의 반격이 몇 달 뒤에 나왔고, 다시 루터가 이를 반박하는 글을 발표하였다. 이번에는 칼뱅이 멜랑톤에게 1545년 6월 28일자로 편지를 보내어서 자신이 발견한 루터파의 약점을 상세히 설명하였다. 1545년 5월에는 베른, 바젤, 콘스탄스, 스트라스부르를 다시 방문하여 프랑스에서 박해당하고 있던 '왈덴시언'에 대한 지원을 얻어내었고 개신교 진영의 지속적인 연합을 도모하였다.

　1546년 9월에는 뇌샤텔에서 파렐과 협의하고, 1547년 1월에는 취리히를 방문하였으며, 1548년 11월, 불링거와 다시 만나서 「티그리누스 합의서」 작성과정을 협의했다. 루터는 이미 하나님의 부름을 받은 후였으므로, 루터의 계승자임을 자처하던 함부르크의 목회자 베스트팔이 전면에 서서 1552년과 1553년에 칼뱅은 '암소cow'로, 불링거는 '황소bull'라고 호칭하면서 극렬히 비판하였다.[43] 취리히의 교회와 베른과 제네바가 동시에 연대적으로 지지하려는 과정에서 칼뱅은 사실상 많은 양보를 하였고 중간 입장을 취했다.[44] 그런가 하면, 스위스 내부적으로도 일치가 어려웠다. 베른 교회 지도자들은 칼뱅이 주장하던 '그리스도의 영적 임재설'에 대해서 강렬히 저항하였고, 그가 죽은 후에까지도 비판하였다. 성만찬 신학의 최고학설로 평가를 받는 칼뱅이었지만, 포용하고 양보하였다. 1549년 5월, 칼뱅은 기욤 파렐을 만나서 협의했고, 취리히에서 불링거를 만나서 최종적으로 합의할 수 있는 문서로 만들기 위해서 다시 세 가지 부분을 수정해서 1551년 제네바와 취리히에서 동시에 출판하였다. 이 두 도시의 교회가 서명한다는 것은 진보적인 '츠빙글리파'와 '칼뱅주의자'가 서로 동지적인 결속을 시도한다는 의미가 들어 있다.

그 반대편에는 로마 카톨릭의 화체설transubstantiation이 있었으며, 다소 떨어진 곳에 루터의 공재설sacramental union, consubstantiation이 자리하고 있었다. 여러 스위스 도시가(Zurich, Geneva, Saint Gall, Schaffhausen, the Grisons, Neuchâtel, and Basel) 결국이 문서에 화답하였다. 프랑스, 영국, 독일지역에서도 환영하였다. 독일 루터파의 멜랑톤마저도 역시 처음으로 이 문서에 대해서 이해한다고 하였다. 칼뱅은 1555년에 피터 마터 버미글리와 접촉한 후에 「변증서Defensio」를 발표했고, 1556년에는 「2차 변증서」를, 1557년에는 「최종 변증서」를 통해서 스위스 교회들과 루터파 교회들 사이의 이해를 도모하고자 노력하였다.

비록 성공하지는 못했지만, 칼뱅은 이처럼 첨예하게 나뉘어진 상황 속에서 교회의 일체성과 평화를 위해서 지도자들의 힘을 사용해 달라고 호소하였다. 1556년 1월 26일자로 서문이 기록된 「2차 변증서」에는 비텐베르크 지도자들에게 보내는 요청이 담겨 있다. "연합을 위해서 제시된 것이 무엇이든지 간에 나는 그것을 받아들일 뿐만 아니라, 기꺼이 그것을 즐거운 마음으로 따를 것입니다."[45] 성만찬 논쟁이 격렬해져서 더 이상 합의가 불가능해져버린 상황에서 발표한 「최종변증서」에서도 칼뱅은 루터와 합의했던 아우구스부르크 고백서를 확고하게 지지한다고 언급하였다.

칼뱅은 계속적으로 멜랑톤에게 '성만찬 논쟁'에서 자신의 입장을 개진하였다. 1560년에는 루터파의 옹호자라고 자처하는 신학자들이(Tilemann Heshusius and Mattias Flacius) 칼뱅을 공격하였다. 그 이전에 1557년과 1559년에 베자는 여러 가지 화해의 임무를 띠고 독일을 방문하였다. 엄격한 루터파 신학자들에게는 취리히 신앙고백서Consensus Tigninus가 루터와 츠빙글리 사이의 논쟁을 되살려내는 망령과 같이 생각될 것이고, 독일 땅에 칼뱅주의가 광범위하게 퍼지는 것이라고 불쾌하게 생각되었다. 독일에 살던 루터파 교회 지도자들은 스위스 개혁주의가 참된 교리를 왜곡하는 것이라고 비판하면서, 참된 종교를 뒤엎어버리는 것을 목표로 하고 있다고 우려하였다.

그러나, 성만찬 신학의 첨예한 차이에도 불구하고 칼뱅은 포용적이었다. 1560년 칼뱅이 아우구스부르크의 마티아스 쉔크Matthias Schenck에게 보낸 편지를 보면 통찰력과 포용력이 드러난다. "비텐베르크는 경건하고 용감한 인격자들을 상당수 배출하였다고 나는 고백한다. 그러나 대다수 사람들은 스스로 루터의 충실한 모방자가 되는 것으로 믿고 있다. 그들은 그분이 가지고 계셨던 열린 마음을 갖고자 하지 않고 스스로를 과대평가하고 있고 허풍에 가득 차서 건방진 자들이다."[46] 이런 고통의 협상 과정을 통해서 칼뱅은 강렬한 인상을 남겼고, 가장 영향력 있는 종교개혁의 2세대의 주도적인 인물이 되었다. 1540년 이후로 줄곧 칼뱅은 루터파와의 불화가 치유될 수 있을 것이라도 희망을 가지고 있었기에 비텐베르크와 취리히와 제네바가 모두 다 함께 받아들일 수 있는 교리를 추진하였던 것이다.

칼뱅은 성만찬이 하나님께서 우리에게 주는 은총이기도 하면서, 동시에 우리가 하나님께 돌려드리는 감사의 기회이기도 하다는 점을 상기시킨다. 성만찬을 '유카리스트Eucharist'라고 부르는데, 원래 헬라어에서 나온 뜻은 '감사한다'이다. 종교개혁자들은 로마 가톨릭에서 강조한바, 성만찬이란 예수 그리스도가 제사법적인 희생제물로 바쳐지는 것을 성직자들이 다시 재현하는 것은 아니라고 단호히 거부하였다. 로마 가톨릭의 미사에서는 신부가 단상 위에서 그리스도의 속죄제사를 재현한다. 그러나 개신교 신학자들은 그리스도의 희생제사는 그가 죽으심으로 단 한 번에 끝이 난 것이라고 확신하였다. 히브리서 10장 10절에 "예수 그리스도의 몸을 단번에 드리심으로 말미암아 우리가 거룩함을 얻었노라"고 하였다. 이 유일한 희생제사를 신부나 성자나 성직자 등 그 어떤 사람이 나와서 다시 반복하거나 대신해서 거행할 수 없다.

희생제사는 순수하게 하나님께서 우리에게 선물로 주기로 약속하신 것이다. 개신교회에서는 희생제사에 대한 설명을 성경에서 재확인하면서 예배당의 구조부터 바꾸었다. 강단 위쪽으로는 거룩한 제단이므로 평신도들은 출입할 수 없다고 하는 고정관념을 파괴했다. 예배당 전면에는 간단하게 성만찬을 나누는 책상을 배치하되, 제자들과 함께 아주 소박한 음식을 나누던 예수님의 모습대로만 따르고자 하였다. 하나님의 말씀을 선포하는 강단을 높게 설치하여 성경을 경청하는 연단에 초점을 맞추었다.

개신교회에서는 로마 가톨릭의 화체설을 철저히 거부하였다. 신부가 미사 중에 기도하고 제정된 바에 따라 선포하면 예수 그리스도의 실제 몸과 피로 변형되는 것이 아님을 확인하였다. 그러면 과연 빵과 포도주를 통해서 성도들에게 전달되는 것이 무엇인가를 바로 파악하는 가르침은 무엇인가? 갖가지 교파들마다 여기에 대해서 서로 다른 해답을 제기했고, 칼뱅은 성경적인 해석을 찾는 일에 몰두하였다.

칼뱅은 먼저 그리스도의 몸과 피를 통해서 주는 혜택은 성도들이 실제로 영적인 양분을 공급받는 데 있다고 강조한다. 그러나 빵이나 포도주에 무슨 신비로운 요소가 있어서 마술적인 사건처럼 그런 영양을 공급하는 일이 발생하는 것은 아니라고 하였다. 그리스도의 실제 몸과 피가 성만찬에서 나눠주는 물체 속에 직접적으로 포함되거나 담겨 있는 것은 아니다. 성만찬을 베풀고 있는 곳에는 성령께서 임재하셔서 그리스도와 성도들이 참으로 교통하게 하신다.

이와 같이, 실제적인 그리스도의 몸과 피가 성만찬 석상에

'실제 임재한다'는 루터의 공재설에 대해서 칼뱅은 기본적인 설명에는 동의한다. 그러나 구체적으로 빵의 일부 속에, 포도주 속에 들어와 있다는 루터의 주장에는 동의하지 않는다. 부활하신 예수 그리스도의 육체가 그 어느 곳에나 편재하다는 생각을 가지게 된 루터는 성만찬에서도 동일하다고 주장하였다. 칼뱅은 루터의 기독론에 대해서 받아들일 수 없는 부분이 바로 그리스도의 인성의 편재성ubiquity이라고 반박했다. 그리스도의 인성은 이미 승천해서 하늘나라로 올라가셨기 때문이다. 그리스도의 몸이 지금 어디에 있느냐? 사도 신경에 고백하기를, "전능하신 하나님의 우편 보좌에 앉아 계신다"고 하였다.

츠빙글리는 루터와 달리, 성만찬이란 예수님의 죽으심과 피흘리심을 단지 기억하고, 기념하는 것일 뿐이며, 하나의 상징적인 행사라고 주장했다. 츠빙글리는 믿는 자들의 마음속에 영적으로만 임재하는 분이라는 생각이 강하였다. 칼뱅도 역시 여기에 동의하지만, 구체적으로 실제적으로 은혜가 베풀어지고 시행된다는 것을 더 강조하였다. 아무런 교통이나 교류가 없는 기념식이란 의미가 없다. 츠빙글리는 고린도전서

11장 24절에, "주 예수께서 잡히시던 밤에 떡을 가지사 축사하시고 떼어 이르시되 이것은 너희를 위하는 내 몸이니 이것을 행하여 나를 기념하라 하시고"라는 구절을 근거로 내세운다. 칼뱅은 츠빙글리가 너무나 지나치게 본질과 상징물을 구별하였다고 보았다. 츠빙글리는 믿음으로 이 만찬을 받아들이면서 구체적으로 영적인 교류가 일어나는 부분을 약화시켜 버린다.

칼뱅은 츠빙글리처럼 빵은 결코 예수님의 몸이라고 할 수 없고, 포도주는 예수님의 피라고 할 수 없다고 해석한다. 루터의 공재설에 반론을 제기하면서도, 츠빙글리의 기념설보다는 더 구체적인 영적 임재와 교통을 강조한다. 성만찬의 빵과 포도주는 그리스도의 몸과 피를 실제로 보여주고 체험하게 하는 것이다. 칼뱅의 노력은 실패로 돌아갔지만, 그는 개신교회들의 일치를 위해서 동분서주하였고, 분열을 막으려고 최선의 노력을 다하였다. 칼뱅 이후에 성만찬에 관해서는 그리스도의 영적 임재설을 대부분 받아들이고 있다. 믿음으로 받아들이면, 성만찬에서는 말씀에 약속된 하나님의 은총이 성도들에게 주어지며, 예수 그리스도와의 영적인 교류가 일어난다.

16세기 종교개혁의 신앙이 형성되기까지, 그리고 그 정착과정에서, 칼뱅의 공헌과 노력이 크나큰 영향력을 끼쳤을 뿐만 아니라 지금까지도 많은 교훈을 주고 있다. 칼뱅의 교회론은 모든 장로교회와 개혁주의 교회가 따르는 체제이다. 칼뱅의 구원론이야말로 하나님의 은혜로 주어진 믿음을 통해서 그리스도 안에서 이루어지는 연합으로 정리되었다. 인간의 공로와 협력은 전혀 근거가 없다. 칼뱅이 제창한 교회 제도와 단호한 이단 제재 조치들은 지금까지도 지켜져 오고 있다.

9

정치와 경제사상

보통 신학자들은 교회의 미래에 대한 강좌로 내일에의 소망을 말하고 기독교 신학강좌를 끝맺는데, 칼뱅은 세속 정부와 권세에 대해서 성경적인 해석을 첨부하였다. 오늘날 조직신학 교과서에는 거의 들어 있지 않은 내용으로, 신학이 더 상세하게 발전되면서 기독교 윤리학에서 다루게 되었다. 16세기 상황에서 종교개혁자들은 마치 권세를 가진 왕이나 시당국에 반항하는 무정부주의자들처럼 취급되던 시대였다. 칼뱅은 박해 속에서 오해를 받던 프랑스 개신교 성도들의 안전을 깊이 고려하게 되었으며, 한걸음 더 나아가서는 기독교인이 취해야 할 정치적인 자세를 매우 중요하게 생각하였다.

　모든 것의 주인은 오직 예수 그리스도라는 대원리에 입각해서 정부와 정치도 역시 하나님의 영광을 목표로 주어진 것임을 칼뱅은 새롭게 제안하였다. 왕정통치하에 무조건 군세에 복종할 것이 아니요, 또한 정치적인 반란을 주도해서도 안 된다고 역설하였다. 제네바에서 칼뱅이 정립한 교회와 시정부와의 관계는 '칼뱅주의'라는 이름으로 로마 가톨릭과는 다른 새로운 신앙형태를 각인시켰고, 사회적 반향을 불러일으킨 개혁적인 조치들은 각 방면으로 확산되었다. 칼뱅이 남긴 정치와 사회적 공헌은 근대 시민 민주주의 형성과 자본주의 경제체제로 압축되고 있다. 칼뱅의 정치적 영향력은 프랑스에서 크게 발휘되었다. 세속 군주가 하나님의 영광을 훼손하는 잘못된 결정을 내릴 때에, 기독교 신자들은 제한된 범위 안에서 불복종할 권리가 있음을 옹호하였다. 이런 정부제도에 관한 가르침은 1600년 전후의 유럽에서는 최초의 혁신이었다. 로마 가톨릭 국가에서나 루터파 독일 영주들에게는 상상도 하지 못할 엄청난 파장을 미치게 되었다.

칼뱅의 정치사상은 『제네바 바이블』에 담긴 해석과 설교적인 확인 등을 통해서 드러났다. 정치가로서 활동하지 않았지만, 정치적인 칼뱅의 가르침이 널리 퍼지게 되었다. 칼뱅의 격려로 1557년 제네바에서 처음 발간된 영어번역 성경 『제네바 바이블』은 위팅엄Whittingham이 신약을, 길비Gilby가 구약을 맡았다. 이 『제네바 바이블』의 각주 난에 보면, 칼뱅이 주장하던 시민권리에 대한 해설이 들어 있는데, 국왕이나 군주들이 보면 소름이 끼칠 내용들이다. 예를 들면, 출애굽기 1장 17절에 유대 산파들이 "왕의 명령을 어기고" 남자 아기들을 살려냈다. 『제네바 바이블』은 이 구절의 해설 부분에 왕의 부당한 명령은 복종할 의무가 없다는 요지의 개혁사상을 강하게 피력하였다. 이처럼 많은 해설 부분에서 왕권신수설에 도전하는 개혁주의 정치사상들이 제시된 것이다. 영국 왕 제임스 1세는 이런 시민적인 인권사상이 확산되면 절대적인 왕권통치가 유지되기 어렵다는 것을 깨닫고 황급히 새로운 해설 성경을 제작하여 50여 년 후인 1611년 『킹 제임스 영역성경』을 발간하게 된다. 그리고 『제네바 바이블』은 더 이상 읽을 수 없게 금서조처 되었다. 하지만, 이미 이런 주권적인 부분을 배우고 터득한 청교도들이 이 성경을 가지고 미국으로 건너갔다. 앨라배마 대학교 미국헌법학 교수 존 에이드스모이John Eidsmoe는 칼뱅이야말로 조지 워싱턴이나 새뮤얼 애덤스와 같은 영향을 끼친 미국 건국의 아버지라고 평가하였다. 칼뱅주의 신앙으로 형성된 뉴잉글랜드는 요나단 에드워즈의 대각성 운동 이후에 유럽의 예속에서 벗어나서 하나의 시민국가로 독립선언(1776)을 하게 된다.[47]

제한된 범위 내에서만, 공화국 체제하에서 인권과 시민의 자유를 보장하려던 칼뱅의 노력은 시장경제의 영역에서도 '경건한 자본주의'라는 개념을 형성하는 데 기여하였다. 막스 베버의『프로테스탄트 윤리와 자본주의 정신』(1904)은 경제적 역동성을 만들어낸 프랑스와 산업혁명에 대한 해석으로 유명하다. 근대 자본주의가 발전되어 나온 정신적인 배경에는 근면, 금욕적인 절약과 저축, 직업의 소명의식, 노동의 가치를 중요시 여긴 칼뱅의 신학적 유산이 들어 있다는 것이다. 에른스트 트뢸취의『기독교 교회의 사회적 교훈』(1911)에서도 칼뱅주의는 새로운 이론적 정립과 경험적인 보충과 학문적인 정당화 작업을 통해서 근대 시민사회의 형성에 근간이 되었다고 평가하였다. 베버와 트뢸취의 이론에 대해서 지금까지 수없는 논쟁이 일어났다. 특히 '자본주의'와 칼뱅주의가 연관이 있느냐에 대해서 역사학자, 철학자, 사회학자, 경제학자들이 숱하게 많은 논문과 저술을 발표하였다.[48]

1
저항권과 민주정치

   법학을 공부했던 칼뱅은 제네바에서 정치적인 문제들에 대해서 매우 기민하게 대처하였고, 결국 시민들에게 합당한 질서와 제도를 성공적으로 정착시켰다. 칼뱅이 제네바에서 보여준 교회와 시정부와의 관계는 매우 중요한 의미를 갖는다. 종교개혁 첫 세대에 칼뱅주의는 공화정부를 지지하는 자들의 대명사가 되었지만, 가톨릭이나 루터파에서 볼 때에는 반란분자들이나 다름없었다. 1561년경에 프랑스에서 개혁주의 교회들이 매우 빠르게 확산되었는데, 이들은 군주제도를 폐지하고 스위스 독립도시 연합과 같은 체제로 바꾸고자 하는 자들이라고 취급되었다. 단일 군주가 나라를 지배하고 다스리던 것이 보편적이던 시대에 개혁교회 지도자들은 그런 정치체제는 기독교 신앙에 대한 모욕과 같은 것이라고 정죄하였다.

   칼뱅은 『기독교 강요』 제4권에서, 로마서 13장 1-7절에 근거하여 합법적으로 구성된 권세에 대해서는 순종할 의무가 있다고 분명하게 선언했다. 그러나 왕권을 장악한 자들은 훨씬 더 많은 것을 강요하고 있었다. 왕정통치, 귀족정치, 공화제도의 장점과 문제점에 대해서 지적하면서, 칼뱅은 특히 절대왕권에 대해서 매우 비판적이었다. 실패한 이스라엘 왕들의 문제점을 예로 들면서, 절대왕정에 대해 날카롭게 공격했다. 칼뱅은 귀족정치와 공화제를 절충하는 체제를 선호하였다.

칼뱅주의자들은 로마 가톨릭의 반대파에 대해서 소요를 일으키는 불순분자가 아니라는 것을 역설하였다. 칼뱅은 군주들의 건강과 국가의 안위를 위해서 얼마나 열심히 기도하고 있는지를 알고 있느냐고 반문하였다. 도리어 교황주의자들이 단일 군주론을 입으로만 주장하고 있을 뿐 국가에 충성하지 않고 있으니, 교황이 임시적인 세속 권세를 지도하고 관찰하는 권세를 가졌다고 주장하는 것은 더 위험한 발상이라고 하였다.

거대한 로마 가톨릭 교회는 조직적으로 소수의 개신교 성도들을 무력하게 만들고자 시도하였다. 이런 박해는 영국, 독일, 프랑스, 이탈리아, 네덜란드 등 여러 곳에서 집요하게 전개되었고, 수십만 명이 살해당했다. 하나님이 위임하신 범위를 넘어서는 이런 반역적인 권세자들은 결국 신앙심이 없는 자들이었다. 이들의 악용을 구체적으로 목격한 칼뱅은 보다 적극적으로 하나님의 뜻에 복종하는 지도자들이 되어야 한다고 역설하였다. 하나님의 섭리를 믿는 까닭에 전혀 불안해하지는 않지만, 경건하지 못한 통치자들에 대한 저항심을 발휘하도록 선포해 나갔다.

칼뱅의 성경해석을 보면, 구약성경 다니엘의 이야기가 많이 등장한다. 페르시아 다리오 왕의 궁정에서 최고위직에 올라서 왕을 섬기던 다니엘은 끌려간 유대 피난민의 일원이었다. 다니엘은 하나님을 모르던 다리오 왕이 유대인들에게 내린 명령을 받아들일 수 없었다. 다니엘서 6장 22절에 대한 해설에서, 칼뱅은 왕이 하나님의 뜻을 존중하지 않으면 마땅히 성도들은 그의 왕권을 무가치한 것으로 여기라고 했다. 물론, 베드로전서 2장 17절에, "하나님을 공경하고, 왕을 존중하라"고 되어 있다. 그러나 여기에도 우선순위가 있다고 칼뱅은 해석했다. 먼저 하나님을 공경해야 한다. 왕의 권세가 하나님에게서 나오기 때문이다. 왕이 내린 명령들이 하나님을 경멸하는 것이라면 결코 받아들일 수 없다. 하나님을 거역하는 왕에 대해서는 거부할 자유가 주어진다.

칼뱅은 매우 신중하게 경건치 않은 정책에 대해서도 거부권을 행사해야 한다고 강론했다. 이런 결론에 이르게 되면, 마치 칼뱅이 혁명의 가능성을 지지하고 있는 듯한 인상을 받을 수도 있는데, 시민들이 자기들의 이해에 따라서 왕을 제거하는 남용에 빠져서는 안 된다고 경고하였다. 칼뱅은 당시 일부 무정부주의자들의 만용에 대해서도 잘 알았기 때문에, 자기권리만을 내세우는 자들은 결코 하나님의 뜻에 따르는 것이 아니라고 주장했다. 당시 칼뱅의 모든 목회활동은 로마 교황청에 위협이 되었기에, 세속 왕권과 권세자들과 결탁되어서 계속해서 비난과 공격을 퍼부었다. 분명한 것은 칼뱅에게는 세속 권세를 존중하되, 백성들을 폭정으로부터 지켜야 한다는 신념이 확고했다. 경건치 못한 왕과 백성들을 강압적으로 억누르는 권세에 대해서는 마땅히 저항할 권리가 있다고 보았다.

칼뱅이 민주제도의 발전에 씨앗을 심었다는 근거는 무엇인가? 루터와는 대조적으로, 칼뱅은 정치가 더러운 사업이라고 생각하지 않았다. 수도사 생활에서 성장한 루터는 정치란 필요약이라고 생각하였고, 재세례파에서는 선하고 착한 기독교인이라면 반드시 피해야 할 '불필요한 악'이라고 규정하였다. 이런 관점들은 세상과 담을 쌓고 살아야만 실천할 수 있다. 이들과는 달리, 칼뱅은 정치적인 제도가 하나님께서 고려하시는 통치영역에서 나온 것이라고 할 때에 정치를 선한 영역으로 인정하였다. 칼뱅은 권세자들에게 진리를 선포하고, 하나님의 말씀에 기초하여서 모든 행동을 결정해야 한다고 강조하였다.

이처럼 칼뱅이 저항권을 정당한 것으로 강력하게 옹호했던 이유는 프랑스에서 '위그노'라고 불리던 개신교 성도들이 박해 속에서 처절하게 죽어가던 상황을 목격하고 있었기 때문이다. 칼뱅이 자신의 다니엘서 주석을 당시 프랑스에서 핍박을 받던 성도들에게 헌정하기로 결정한 것은 결코 우연이 아니었다. 칼뱅의 고향 피카르디 지방에서 벌어진 사건들이 그의 마음을 아프게 했었는데, 1562년부터 1598년까지 프랑스에서는 종교전쟁마저 벌어졌다. 소수의 개신교 성도들은 목숨을 바쳐서 신앙의 자유를 획득하고자 처절하게 싸웠다.

프랑스 개신교 성도들이 정치적인 자유를 얻기 위해서 노력한 결과, 오늘날의 민주주의가 꽃피우게 되었다. 그러나 많은 사람들은 1572년 8월 24일, 성 바돌로매의 날에 벌어진 위그노 학살을 잊어버리고 있다. 로마 가톨릭 권세자들은 남자 어른만이 아니라 어린아이와 여자를 포함한 수십만 명의 개신교 성도들을 야만적으로 몰살했다. 파리에서 시작되었지만 곧 프랑스 전역으로 퍼졌고, 몇 달 동안 지속되었는데 정확한 통계를 작성할 수 없어서 아직까지도 그 숫자를 가늠치 못하고 있다. 이런 학살 소식이 로마에 당도하자, 교황은 축제를 열었다.

성 바돌로매의 날에 벌어진 잔인한 학살에서 살아남은 개신교 성도들은 피의 보복을 서슴지 않게 되었다. 더욱 급진적인 행동파들이 보복전을 감행하게 되었다. 칼뱅의 사망 이후에 벌어진 일이어서 위그노 지도자들은 나름대로 학정에 저항하는 원리를 세워나갔다. 프랑스 위그노들은 왕의 권세는 반드시 백성들에 의해서 심판을 받아야만 한다고 확신하게 되었다. 더 이상 왕권신수설을 믿지 않게 되었고, 왕도 헌법을 따라야만 한다는 입헌 군주론이 확산되었다.

그로부터 거의 이백 년이 흐른 후에, 1776년 미국 식민지에서도 비슷한 논쟁이 벌어졌다. 이번에도, 미국 독립혁명에 참여한 사람들의 70% 이상은 칼뱅주의자들이었다. 주도적인 인물 가운데 하나가 칼뱅주의 목회자 존 위더스푼이었다. 그는 독립선언서 서명인 중에 한 명으로, 탁월한 칼뱅주의자였으며 제3대 프린스턴 대학교 총장이었다. 위더스푼은 위그노들의 저술들과 역사에 주목했으며, 멀리 칼뱅의 저술들을 깊이 탐독하면서 포악한 정권에 저항하는 권리를 터득하였다. 칼뱅의 성경해석과 분명한 입장은 이처럼 후대의 지지자들에 의해서 헌법적인 원리제정에 이르게 된다. 시민들의 저항권이 보장을 받고, 독재자들의 학정에 대해서는 인권을 인정하고 정당한 민주적 절차에 따르는 심판권이 제정되었다.

민주화 시대를 넘어선 오늘날 자유민주주의 천국에서 살아가는 현대 한국인들이 너무 한가로이 칼뱅의 정치사상을 놓고서 논쟁하는 경향이 있다. 교황주의자들은 그들의 독재적인 교황의 깃발 아래서 노예처럼 복종하는 체제를 지향하였고, 루터파는 그들의 군주들을 위해서 싸웠으나, 칼뱅주의자들은 시민들의 자유를 위해서 일한다고 볼테르는 평가하였다. 미국의 독립선언과 프랑스 혁명(1789)이 일어난 후에, 미국의 민주주의가 급속히 발전되면서 청교도들이 남긴 유산이 크게 발휘되었다. 많은 현대 역사학자들은(François Guizot, James Froude, Charles Bancroft) 미국에서 칼뱅주의와 민주정치체제는 긴밀히 연결되어 있다고 해석하였다.[49] 칼뱅주의 신학이 가르쳐지는 곳에서는 항상 시민의 자유가 함께 강조되었다. 16세기에 칼뱅이 제네바에서 세우고자 했던 시민들의 권위와 인권의식은 18세기에 미국의 독립과정에 영향을 미쳐서 전체 국가제도 형성에 그대로 구현되도록 법과 제도적 장치가 만들어졌다.[50] 개인의 인권과 가치와 책임을 존중하고 국가의 권력을 최소화하는 데 기여하고 있는 것이다.

2
경제와 사회복지에의 기여

칼뱅이 경제 정책가도 아니요, 시정부 재정에 관여할 처지도 아니었지만, 그의 설교와 사회활동에서 두드러진 부분이 신앙인들의 자본 축적과 분배를 가능하게 했다는 평가를 받고 있다. 개신교 신앙인들이 가져야 할 노동윤리를 적극 후원함으로써 훗날 시장 자본주의가 피어나게 했다는 것이다. 막스 베버가 분석해 낸 『프로테스탄트 윤리와 자본주의 정신』에 대해서 논란이 많이 있다. 칼뱅주의 정신에 따라서 청교도들이 하나님의 선택을 받았다는 신앙에 입각해서 세상에서 열심히 노력하고, 검소하게 절약하면서 살아감으로써 기본적으로 자본의 축적이 가능했다는 것이다. 물론, 칼뱅은 성도는 모두 다 하나님의 청지기로서 검소하게 살고, 사회정의를 실현하며, 믿음에 합당하게 생활해야 한다고 설교했다. 성도들은 각자 자기의 돈을 합당하게 사용해야 하고, 모든 일꾼은 정당한 임금을 받아야 한다고 주문했다.

중세시대에는 세상과는 분리된 내적 금욕주의가 사람들의 생각을 지배하고 있었다. 금욕주의는 자신의 모든 세속적인 소유와 활동을 금지하고자 한다. 중세 시대에 성직자들과 수도자들은 세상과 격리된 수도원이나 수녀원에서 따로 생활했다. 이들은 하늘에 속한 상급과 보물을 추구했다. 그러나 칼뱅은 모든 직업의 소명의식을 강조하여 세상 속에서 활동하는 다양한 봉사와 헌신을 격려하였다. 칼뱅주의는 현세에서 열심히 일하고, 저축하고, 후하게 베푸는 자들이 되려는 목표를 갖게 되었다. 노동의 격려와 경제개선의 후원들이 자본주의 발전에 모태가 되었다고 할 수 있다.

경제적 칼뱅주의는 근대 사회의 발전과정에서 엄청난 영향을 끼쳤다. 칼뱅은 제네바에서 이자를 가급적이면 적게 받도록 하는 것을 권장하였다. 누가복음 6장 35절에 기초해서, 그리스도인은 심지어 원수에게도 베풀고, 빌려주는 일을 하여야 한다. 이때에 허용되는 이자는 어느 정도가 되어야 하는가? 너무나 강압적이어도 안 되고, 부당하다고 불평을 받을 정도로 탐욕적이어서는 안 된다. 돈을 빌려주는 자와 꾸어가는 자의 사이에는 불쌍히 여기는 측은심과 고맙게 생각하는 감사가 있어야 한다. 칼뱅의 제네바에서는 정당한 이자가 허용되었지만, 고리대금업은 금지되었다. 과도한 욕심과 경쟁적인 이기주의는 칼뱅의 원리에서 나온 것이 아니다.

상업적인 거래와 산업경제, 물자 생산에의 열정이 제네바의 시장경제를 윤택하게 만들었다. 반면에 로마 가톨릭에서는 게으른 성직자들과 예수회파의 지도자들이 전혀 시민들을 깨우지 못하고 있었다. 각종 축일제도를 준수하는 동안에 금식하여야 했으므로 거의 몸을 움직이지 않고 다소 게으르게 지내야만 적응이 가능하였기 때문에, 로마 가톨릭 교회는 경제성장에 아무런 도움이 되지 못하였다. 개혁교회에서는 이런 게으름을 두렵게 생각하였고, 스마트하게 대처하였다. 하지만 칼뱅 자신은 현대 탐욕스런 자본주의 발전의 시조라거나 옹호자라고 간주되어서는 안 된다는 사실을 앙드레 비엘레의 박사학위 논문 「칼뱅의 경제 사회 사상」에서 확인할 수 있다.[51] 칼뱅은 이익금이나 부유한 자들의 재물을 재분배하도록 강조하였기 때문에, 오늘날 산업자본주의에는 전혀 연계되는 사상을 주장한 적이 없으므로 최근의 탐욕적인 자본주의 논쟁과는 전혀 해당사항이 없다.

모든 사람은 하나님에게 속해 있기도 하지만, 사람들의 공동체 일원으로 사회를 구성하고 있다. 개인별로 각자의 성화과정을 거치는 동안에, 사회의 구성원으로 행동하고 결정하고 있다. 칼뱅은 사회정의에 대해서 깊은 관심을 가졌다. 모든 구성원을 품고 보살피되 특히 가난한 자들을 구제하는 일에 최선을 다하는 사회가 가장 좋은 사회라고 생각했다.

한 사람의 난민으로서, 칼뱅은 이방인, 나그네, 방문객의 안전과 생업을 보살피는 일에 특별한 관심을 갖고 앞장을 섰다. 성경해석과 설교에서 항상 상처받은 사람들에 대한 배려와 결핍에 처한 자들의 호소를 들어주어야 한다고 요청했다. 사회적 취약자와 시민권을 갖지 못한 종교망명자들이 폭증하던 상황에 대해서 민감하게 반응할 것을 설파했다. 집사회에서 구제사역 담당자의 직분을 세워서 돈을 모으고 분배하는 일을 전담하게 했다. 사회복지 기금으로 사용될 재정을 확충하는 데도 앞장섰다. 병원도 추가로 건설했다. 제네바 아카데미를 세워서 다음 세대의 교육을 감당하게 했고, 어린 여학생들도 공부할 기회를 갖도록 획기적으로 변경시켰다. 시정부, 학교, 가정 등은 하나님께서 만드신 기관들인데, 그냥 있는 대로 방치하지 않고 조금이라도 더 나은 조직이 되도록 개선하고 고쳐나갔다.

세창사상가산책 | JEAN CALVIN

10

칼뱅의 개혁정신과 교훈

칼뱅의 신학사상에서 교훈을 얻을 수 있는 것은 하나님의 주권적인 사랑에 대한 열정적인 확신과 성경 말씀을 따라서 변혁시키고자 하는 비전이다. 그저 책상 앞에 앉아서 머리 좋은 조직신학 교수가 내놓은 탁월한 이론에 그치지 아니하고, 칼뱅은 역동적인 교회를 건설하고 순결하고 경건한 도시 건설에 결정적인 영향력을 발휘하였다. 그가 제시한 신앙과 신학의 개혁은 16세기 유럽인이 살아가는 삶의 원동력이요, 역동성을 제공하는 탁월한 확신이요, 분별력을 제공하는 진리가 되었다. 칼뱅은 지금도 세계 모든 개신교인의 신앙적인 근간이자, 교회에서 행하는 예배와 설교의 실천적 뿌리가 되고 있다.

첫째, 칼뱅은 가장 깨끗하고 순수한 신앙을 향한 지속적인 개혁의 모델을 제공해 주었다. 이 지구상에 태어난 신학자들 중에서 가장 위대한 성경 신학자인 칼뱅에게서 물려받은 유산과 전통을 가지고 있지만, 그 후손들이 처한 현실은 전혀 다르다. 지난 오백여 년 동안 칼뱅의 명성은 높고 찬란하지만, 그의 유산을 지키고 계승하려는 노력은 소수에 의해서만 지지를 받고 있다. 안타깝게도 칼뱅의 사상과 업적마저도 초라하게 기울어져 가고 있다. 계몽주의 시대 이후로 회의주의와 급속한 세속화가 몰아닥쳤는데, 유럽 개혁주의 교회들은 낭만주의 시대의 썩은 것들을 개혁하지 못하였고, 부패한 것을 고치지 못한 채 영향력을 잃어버렸다.

칼뱅과 그 동시대의 후예들은 '더 개혁된 교회'를 세우고자 했고, '항상 개혁하는 교회'가 되려고 하였다. 영국 엘리자베스 1세 여왕은 16세기 말에 루터와 칼뱅의 차이점을 잘 파악했다. 루터의 후계자들은 로마 가톨릭의 오류를 벗어나서 교회개혁을 원하고 있었는데, 칼뱅의 추종자들은 '더욱 개혁된' 교회를 세우고자 한다고 보았다. 이렇게 '중단 없는 갱신과 개혁'이 바로 칼뱅이 남긴 교훈이자 개혁주의 전통이 되었다.

둘째로, 칼뱅이 정립한 기독교 신앙은 성경의 권위와 영감을 가장 중요한 근본으로 세웠다. 계몽주의에 영향을 받아서 변질된 자유주의 신학이 등장하자, 칼뱅의 후예들은 이들에 맞서서 오직 성경을 유일한 하나님의 계시로서 지켜왔다. 웨

스트민스터 신앙고백서에서 강조된 것을 요약하자면, "sola scriptura(오직 성경으로만)"와 "tota scriptura(전체 성경으로만)"이었다. 그런데, 이런 신앙고백의 첫째 조항을 선언하는 것으로만 그쳐서는 안 된다. 실제 교회의 현장에서 성경 말씀을 높이고 순종하면서 나가야 한다.

어떤 사람이 나는 성경을 믿는다고 말하는 것만으로는 안심하거나 만족할 수 없다. 성경을 인용하면서도 교묘한 설명을 첨가하여 있는 그대로의 가르침보다는 천재적인 두뇌에서 개발한 해석들을 절대적으로 신봉하게 된다면, 결국은 성경적인 정통신앙에서 벗어나고 만다. 사도신경이나 웨스트민스터 신앙고백서를 통해서 기독교의 기본전제를 간결하게 제시하고 있는데도, 현대신학자들의 새로운 해석에 매력을 느끼고 집착하는 것은 정통신앙에서 벗어났다는 증거이다. 성경에 담긴 하나님의 말씀은 회의하거나 의심하지 않고 순수하고 진실한 순종을 요구한다. 하나님의 말씀에 대해서 경청하고 존중하며 따라오기를 요청한다. 하나님께 대한 복종과 감격적인 고백을 가지고 성경에 보여주신 대로 삶을 이뤄나가야만 한다. 요즈음에는 성경의 정확무오성을 믿는다는 서약이나 서명을 했다는 복음적인 사역자들도 인간 중심적인 행동을 하고 있어서 쉽게 믿을 수 없게 되었다.

칼뱅은 피터 롬바르드와 토마스 아퀴나스가 왜곡한 스콜라주의 신학을 철저히 배척했다. 개혁주의 교회가 가져야 할 정통신학은 토마스 아퀴나스처럼 헬라 철학자 아리스토텔레스의 인과율을 따르지 않는 순수한 예수 그리스도의 복음이다. 원인과 결과를 확인하고 믿으려 하는 자세를 거부한다. 성경은 우리가 질문하고, 따지려 하는 문제에 대해서 답변하는 책이 아니다. 그래서 우리는 오직 지혜의 영, 진리의 영, 주 되시는 그리스도 예수의 성령께서 인도하심에 따라서 의존하려 한다. 성경에서 직접 답변을 들을 수 없는 문제일수록, 더 신중하고 기도가 필요하다.

셋째, 칼뱅의 신학사상은 하나님의 권위와 영광을 위한 삶으로 근본구조를 이루고 있다. 모든 신학적인 토론 주제와 성경해석에서 있어서 칼뱅은 철저하게 하나님의 영광을 높이고자 한다. 하나님은 우리가 존재하기 이전에 계셨고, 우리를 아시고, 건지시고, 모든 사역에 필요한 은사들을 공급해주셨다. 칼뱅은 특히 다윗의 시편을 사랑했고, 가장 많이 인용했으며,

옛 성도의 신앙고백을 따라서 하나님을 높이고자 한다. 시편 115편 1절, "여호와여 영광을 우리에게 돌리지 마옵소서 우리에게 돌리지 마옵소서 오직 주는 인자하시고 진실하시므로 주의 이름에만 영광을 돌리소서."

오늘의 시대가 하나님의 영광을 짓밟아 버리고 있다. "그중에 이 세상의 신이 믿지 아니하는 자들의 마음을 혼미하게 하여 그리스도의 영광의 복음의 광채가 비치지 못하게 함이니 그리스도는 하나님의 형상이니라"고후 4:4라고 지적한다. 하나님의 영광을 높이고자 하는 자는 오직 예수 그리스도만을 바라보아야 한다. 그리스도는 "영광의 형상"히 1:3이요, "영광의 광채"이시다. 사람이나, 어떤 교회나, 어떤 교단이나 영광을 받아서는 안 된다. 그리스도의 영광을 탈취하는 자들은 망하게 된다.

하나님의 은혜로 구원을 얻게 되며, 거룩하게 된다. 옛사람을 죽이고 그리스도에게 연합된 새로운 생명이 살아나는 삶을 날마다 계속해 나가야 한다. 칼뱅의 사상은 개념에만 머물지 않고 항상 역동적으로 생활 속에서 긴장감을 불러일으키고, 동시에 하나님의 위로와 평안을 바라보게 한다. 교리적인 진술을 담고 있는 성경해석과 설교와 논문을 문서에 담아서 쏟아내었지만, 칼뱅은 사실은 성도들을 돌보던 목회자의 임무를 가장 중요하게 생각하였다. 그의 신학적인 사상은 단순히 머릿속에서만 머물러 있지 않고, 생활 속에서 윤리의 근거가 되었고, 개혁을 추지하는 신념을 제공하였다.

넷째, 칼뱅의 신학사상을 연구할 때에, 혼돈의 시대에 그가 열정적으로 하나님의 뜻을 찾고자 노력하면서도 실제로 구체화시키기 위해서 열심을 다했음에 주목하게 된다. 인간의 죄에 대한 신학적 평가를 통해서 도저히 구원에 이를 수 없음을 알게 되었다. 하나님의 형상을 회복하지 않으면 안 되는데 구원의 복음을 통해서 영적인 생명이 회복되어야만 한다. 예수 그리스도의 십자가 희생만이 하나님과의 바른 관계를 정립시켜 주며, 다른 사람과의 인간적인 삶을 바르게 유지하는 능력을 공급해 주신다. 은혜와 사랑이 충만하신 우리의 왕 되신 그리스도가 하나님의 나라의 복을 나누어주신다. 복음에 대한 구체적인 이해와 충실한 실현을 모색하면서 왜곡된 신학을 교정하고, 교회를 바로 세울 수 있었다.

칼뱅과 제네바의 종교개혁에서 배우게 되는바, 이 시대와 현대 사회와 세계 인류를 향해서 교회가 파수꾼이 되어야 한다. 로마 가톨릭의 혼란과 혼돈의 상황을 안타깝게 지켜보면서, 거듭되는 교리의 모순성과 곡해를 철저히 분별하던 칼뱅의 외침을 계승하는 일에 앞장서야만 한다.

그리스도를 증거하려는 우리에게는 각자의 몫으로 주어진 엄청난 시대적 사명이 있다. 16세기 유럽의 종교개혁을 이끌었던 칼뱅은 탁월한 분별력과 출중한 성경 지식을 갖추고, 깨어서 파수군의 역할을 감당해야만 하였다. 믿음의 분량을 남달리 주신 사역자들에게 요구하시는 것이 있음을 기억해야만 한다. 새벽기도를 중심으로 신앙훈련을 하고 있는 한국교회가 깨어 있지 못하면 어떻게 될 것인가? 그냥 바리새인으로 전락하고 만다.

칼뱅처럼, 이 시대에도 새로운 칼뱅주의가 성공할 가능성이 있는가? 개혁해야 할 내용과 방법의 선정은 무엇을 향한 개혁인가를 분명히 해야만 가능할 것이다. 먼저 칼뱅을 그저 자랑하는 것만으로는 안 된다. 그렇다고 한다면, 보수주의자 혹은 수구주의자들이라고 하는 비판을 면키 어려울 것이다. 칼뱅처럼 현대 교회가 개혁해나가야 한다고 주장하는 말은 마땅히 공로를 자랑할 만한 사람의 업적을 높이는 것임에도 불구하고, 사람을 칭송의 대상으로 높이는 일이 될 수 있을 것이다.

칼뱅은 예배와 설교와 성례를 성경적으로 회복시켰다. 칼뱅이 가장 열성적으로 매일같이 실천했던 바는 교회의 갱신과 예배의 개혁이었다. 설교와 같이 가장 기본적인 교회의 사역을 바르게 회복시킨 것이다. 오직 하나님을 향한 예배와 경건의 회복에 있어야만 개혁의 참된 내용이 유지될 수 있다. 개혁주의 교회는 로마서 12장 1-2절을 가장 많이 암송하면서 신앙생활을 지도받았다. "그러므로 너희는 이 세대를 본받지 말고, 하나님의 온전하시고 기뻐하시는 뜻을 따라 오직 너희 몸을 산 제사로 드리라 이것이 너희의 드릴 영적 예배니라."

세속적인 문화의 힘이 엄청나게 강력하기 때문에 제대로 대처하지도 못한 채 전통적인 가치규범들이 모두 다 무너지고 말았다. 이미 서양의 기독교가 몰락하고 있는 과정에서 나타난 현상들이다. 세속주의는 매우 성공한 듯 보인다. 기독교인들마저도 따라가지 않을 수 없을 만큼 매혹적이다. 일부 교회들은 적당한 세속화를 아주 탁월한 감각을 가지고 받아들였다. 기독교적인 훈련과 진지한 반성 없이 그저 자기 이익을 추구하는 생활방식에서 벗어나지 않으려 하는 현대인을 부추기고 있다. 기독교가 세상과 구별되어야 하고, 하나님의 나라는 거룩한 윤리를 건설해야만 한다는 사실은 잊혀 버렸다. 하나님을 섬기는 자들이 돈과 세상과 이별해야만 한다는 생각은 거의 없다. 결국, 하나님의 주권을 존중하고 하나님의 뜻에 따라야 한다는 생각이 없다는 말이다.

칼뱅의 신학을 가장 잘 계승했던 영국과 뉴잉글랜드 청교도들의 거룩한 생활과 실천에서 탁월한 성취와 업적을 발견할 수 있다. 청교도들은 칼뱅의 열성과 헌신을 본받아서 풍요롭고 부유한 삶을 포기하면서 철저하게 하나님의 영광을 위해서 사회를 개혁하고 문화를 건설하고자 하였다. 청교도들의 절제와 소박함을 따라 살기는 싫어하면서, 청교도들이 가졌던 구원론을 그저 구호처럼 암송한다면, 과연 오늘의 기독교인들이 거룩한 공동체를 유지해 낼 수 있겠는가? 기독교의 기본 신학을 제대로 정립하지도 못하였으면서 정통 보수신앙의 소유자라고 하는 화려한 이력서만을 자처하고 있다면, 어떻게 성경적인 가르침으로 세속주의를 돌파해 낼 수 있겠는가!

소속교단의 교세와 역사를 자랑하거나 유명 인사들의 학력이나 경력을 내세운다 하더라도 조롱거리가 될 뿐이다. 특정 소수의 인사들이 교회의 결정권을 독점하여 왜곡시키고 있는데도 그저 따라만 가는 것은 잘못된 일이다. 아무런 이권이나 명예욕 없이 순수한 사명감에 충실하고자 노력해야만 한다.

그동안 칼뱅이 남긴 개혁주의 신학사상의 찬란한 빛이 지난 오백 년을 비춰주고 있는데, 최근에 와서는 점차 칼뱅 신학의 영향력을 상실할지도 모른다는 두려움이 크다. 기독교의 기본진리가 훼손되어버리고 교회가 쇠퇴하고 있는 유럽에서 칼뱅주의 신학의 감화력이 현저히 줄어들어 버렸고, 세속화된 종교다원주의 사상이 압도하고 있기 때문이다.

다섯째, 현대인은 칼뱅의 시대보다 훨씬 더 어려운 문제들에 직면해 살아가고 있다. 인간의 자율적 의지를 신봉하는 자들이 내놓은 모든 종교적 이론이 기독교의 업적을 비난하고 공격해오고 있다. 창조와 타락과 구원과 재림에 대해서 가르치는 성경의 기독교 진리를 허물어 내리는 과학적 회의론이 팽배하게 확산되었다. 하나님의 주권적인 사랑이 예수 그리스도 안에서 희생과 부활로 나타났고 성령의 내주하심으로 성도들의 삶 속에서 능력으로 역사한다는 것을 부정하는 시대에 처해 있다. 일부 칼뱅 연구자들은 절대적 진리를 포기하고 보편구원론과 종교다원주의를 포용하자고 주장하고 있으니 칼뱅에게서 물려받은 가장 순수한 기독교 사상을 현대 개신교자들이 변질시키고 말았다.

칼뱅과 그 후의 다양한 사상이 종합된 칼뱅주의가 기여한 종교개혁의 사상은 새로운 한국이라는 환경에서 더욱 정착하기가 어렵고 복합적이다. 한국의 기독교 교회는 다시 한 번 종교개혁과 같은 변화가 있어야 한다. 칼뱅의 신학을 따르고 있다고 주장하는 한국 장로교회를 분석해 보면, 분파주의자들의 분열과 대립적인 충돌이 반복되고 있다. 칼뱅과 제네바 교회의 개혁을 잘 알고 있는 한국교회라고 한다면 성경으로 돌아가서 완전히 청산해야 할 교단주의와 교권주의자들이 전횡을 일삼고 있다. 신학교육을 좌우하는 이사회가 교수들의 보직과 승진, 인사권을 장악하고 있어서, 신학적인 분별력과 윤리적인 열매를 함께 세우고자 하는 선지학교가 멍들어가고 있다. 교단의 지도자급에 이름을 올린 대교회 목회자들의 자성이 있어야 하는바, 담임목사직의 대물림, 불건전한 이단들의 혼돈, 기독언론들의 혼탁, 금권시비가 끝없는 총회나 교계 연합단체 운영 등 부패와 부정이 만연하고 말았다. 기독교 정통 사상의 기준으로 칼뱅의 신학을 말하고 있지만, 결코 그의 정신에 따라서 살아가려 하지 않으면서 입으로만 칼뱅주의를 외치고 있는 자들이 넘치고 있다.

한국교회는 기독교신학의 다원주의가 퍼트리는 포스트모더니즘의 해체주의에 제대로 직면하여 기독교적인 신앙을 세워야 할 중대한 시점에 처해 있다. 지금 우리가 직면한 사상적 위기의식은 결코 16세기 칼뱅과 종교개혁자들의 과제에 비교해 볼 때에 쉽지 않은 일들로 휩싸여 있다고 본다. 하나님의 지혜가 담긴 성경적 절대가치가 훼손을 당하고 있기 때문에 지속적으로 모든 성도와 교회의 지도자가 힘을 합하여 중단 없는 갱신과 지속적인 쇄신의 역할을 감당해야만 할 때이다.

1) Ronald S. Wallace, *Calvin, Geneva and the Reformation* (Grand Rapids: Baker Book House, 1990), 7-9.

2) Bruce Gordon, *Calvin* (New Haven: Yale University Press, 2009), vii.

3) Henry R. Van Til, *The Calvinistic Concept of Culture* (Grand Rapids: Baker, 1959), xiv.

4) 김재성, 『Happy Birthday, 칼빈』(킹덤북스, 2012), 22-26. Thomas J. Davis, "Calvin and Calvinism in Nineteenth-Century Fiction and Twentieth-Century Criticism," *Calvin Theological Journal* 33 (1998): 443-456.

5) Friedrich Wilhelm Graf, "Calvin in the Plural, The Diversity of Modern Interpretation of Calvinism, Especially in Germany and the English-Speaking World," in *Calvin & His Influence, 1509-2009*, ed. Irena Backus & Philip Benedict (Oxford, Oxford University Press, 2011), 256.

6) Carter Lindberg, *The European Reformations* (Oxford: Blackwell Publishers, 1999), 256.

7) William Monter, *Calvin's Geneva* (New York: Wiley, 1967); William G. Naphy, *Calvin and the Consolidation of the Genevan Reformation* (Manchester: Manchester University Press, 1994).

8) T. H. L. Parker, *John Calvin* (England: A Lion Paperback, 1975), 98-99.

9) Calvini Opera, 14:455-6. John Witt Jr. & Robert Kingdon, *Sex, Marriage, and Family in John Calvin's Geneva*, vol. 1, *Courtship, Engagement, and Marriage* (Grand Rapids: Eerdmans, 2005), 467-68.

10) Monter, *Calvin's Geneva*, 99.

11) Philip Benedict, "Calvin and the Transformation of Geneva," in *Calvin's Impact on Church and Society*, ed. Martin Ernst Hirzel and Martin Sallmann (Grand Rapids: Eerdmans, 2009), 5.

12) Karin Maag, *Seminary or University? The Genevan Academy and Reformed Higher Education, 1560-1620* (Aldershot: Ashgate, 1995).

13) Michel Roset, *Les chroniques de Geneve*, ed. Henri Fazy(Geneva: Georg, 1894).

14) Herman Selderhuis, *Johannes Calvin-Mensch zwischen Zuversicht und Zweifel* (Gütersloh: Gütersloher, 2009).

15) W. J. Nijenhuis, *Calvinus Oecumenicus: Calvijn en de eenheid der kerk in het licht van zijn briefwisseling* (The Hague: Nijhoff, 1958).

16) *Petit traicté de la Saincte Cene* (1541), *Calvini Oppera,* 5:433-60.

17) Calvini Opera, 9:250.

18) Andrew Pettegree, *Foreign Protestant Communities in Sixteenth-Century London* (Oxford: Clarendon Press, 1986), 72.

19) Ford Lewis Battles, *The Piety of John Calvin: A Collection of His Spiritual Prose, Poems* (Grand Rapids: Baker, 1978).

20) 김재성, 『칼빈과 개혁신학의 기초』(수원: 합동신학대학원 출판부, 1997), 제5장, 칼빈의 칭의론과 트렌트 종교회의, 177-207.

21) Institutes, I.14.4.

22) Richard C. Gamble, "*Brevitas et Facilitas*: Toward Understanding of Calvin's Hermeneutics," *Westminster Theological Journal* 47 (1985): 1-17.

23) 프랑스와 방델, 『칼빈, 그의 신학사상의 근원과 발전』, 김재성 역(크리스챤 다이제스트, 1999), 153.

24) Richard Muller, "The 'Method and Disposition' of Calvin's *Institutio* from

the Perspective of Calvin's Late Sixteenth-Century Editors," *Sixteenth Century Journal* 28:4 (1997):1203-29.

25) Anthony N. S. Lane, *John Calvin: Student of Church Fathers* (Grand Rapids: Baker, 1999), 226-9.

26) Paul Helm, *Calvin and Calvinists* (Edinburgh: Banner of Truth Trust, 1981).

27) Diarmaid Macculloch, "Calvin, Fifth Latin Doctor of the Church?," in *Calvin & His Influence, 1509-2009* (Oxford: Oxford University Press, 2011), 42.

28) Calvin, *Institutes of the Christian Religion*, I.13.10.

29) http://www.miguelservet.org/servetus/works.htm#trinitatis

30) Roland H. Bainton, *Hunted Heretic, The Life and Death of Michael Servetus 1511-1553* (Boston : Beacon Press, 1953), 137-42; Jerome Friedman, *Michael Servetus: a Case Study in Total Heresy* (Geneva: Droz, 1978); Robert Kingdon, "Social Control and Political Control in Calvin's Geneva," in *Die Reformation in Deutschland und Europa:Interpretationen und Debatten*, ed. by Hans R. Guggisberg (Gütersloh: Gütersloher Verlagshaus, 1993): 521-32. Andrew Pettegree, "Michael Servetus and the Limits of Tolerance," *History Today* 40 (1990): 40-45.

31) 프랑수아 방델, 「칼빈」, 김재성 역, 263-90.

32) Philip C. Holtrop, *The Bolsec Controversy on Predestination from 1551 to 1555: The Statements of Jerome Bolsec, and the Response of John Calvin, Theodore Beza, and Other Reformed Theologians* (Lewiston, NY: E. Mellen, 1993).

33) Christian Link, "Election and Predestination," in *John Calvin's Impact on Church and Society, 1509-2009*, ed. Martin Ernst Hirzel & Martin Sall-

mann (Grand Rapids: Eerdmans, 2009), 116.

34) Richard A. Muller, "The Uses and Abuse of a Document: Beza's *Tabula praedestinationis*, the Bolsec Controversy and the Origins of Reformed Orthodoxy," in *Protestant Scholasticism: Essays in Reassessment*, ed. Carl Truman and R. Scott Clark (Carlisle: Paternoster Press, 1998), 33-61.

35) Calvini Opera, 8:85-140.

36) J. Bolsec, *Historie de la vie, moeurs, actes, doctrine, constance et mort de Jean Calvin* (Paris: G. Mallot, 1577; Lyon: Jean Patrasson, 1577), 140. Irena Backus, *Life Writing in Reformation Europe: Lives of Reformers by Friends, Disciples and Foes* (Aldershot: Ashgate, 2008), 128-38.

37) *Calvin's Commentary on Romans* 3:24-25. 김재성, 『개혁신학의 전통과 유산, 1권, 개혁신학의 광맥』(킹덤북스, 2012), 98.

38) Karl Barth, *Kirchlich Dogmatik*, IV/1, 61-63. Cornelius, Van Til, *The New Modernism, An Appraisal of the Theology of Barth and Brunner* (The Presbyterian and Reformed Publishing co. 1973). idem, *Defense of the Faith* (Philadelphia: P & R, 1955), 411. G. C. Berkouwer, *The Triumph of Grace in the Theology of Karl Barth: An Introduction and Critical Appraisal* (Grand Rapids: Eerdmans, 1956), 265.

39) Calvin, *Commentary on the Romans*, 9:11. Fred H. Klooster, *Calvin's doctrine of Predestination* (Grand Rapids: Baker Book House, 1977).

40) Basil Hall, "Calvin against Calvinists," in Gervase Duffield, ed., *John Calvin* (Appleford: Sutton Courtenay Press, 1966), 19-37; Carl Truman, "Calvin and Reformed Orthodoxy," in Selderhuis, *Calvin Handbook*, (Grand Rapids: Eerdmans, 2009), 466-74. Richard A. Muller, "Was Calvin a Calvinist? Or did Calvin (or Anyone Else in the Early Modern Era) Plant the TULIP?" http:/calvin.edu/meeter/lectures/

41) Jae Sung Kim, "Prayer in Calvin's Soteriology," in *Calvinus Praeceptor Ec-clesiae: Papers of the International Congress on Calvin Research, Princeton, 2002.* ed. by Herman Selderhuis (Geneve: Droz, 2004): 265-74.

42) Jae Sung Kim, "Reformed Theology in Korea, Its Origin and Transplanta-tion," ChonShin University, Seoul, 2013; 김재성, "한국의 개혁신학, 그 근원과 초기 선교사들의 신학사상,"『월간목회』 2013년 9월호, 26-41.

43) Joseph N. Tylenda, "The Calvin-Westphal Exchange: The Genesis of Calvin's Treatises against Westphal," *Calvin Theological Journal* 9 (1974):182-209.

44) Philip Schaff. "The Consensus of Zurich. A.D. 1549," *Creeds of Chris-tendom, with a History and Critical notes. I,* 472: "the Sacraments are not in and of themselves effective and conferring grace, but that God, through the Holy Spirit, acts through them as means; that the internal ef-fect appears only in the elect; that the good of the Sacraments consists in leading us to Christ, and being instruments of the grace of God, which is sincerely offered to all; that in baptism we receive the remission of sins, although this proceeds primarily not from baptism, but from the blood of Christ; that in the Lord's Supper we eat and drink the body and blood of Christ, not, however, by means of a carnal presence of Christ's human nature, which is in heaven, but by the power of the Holy Spirit and the devout elevation of our soul to heaven."

45) Calvini Opera, 9:49.

46) Calvini Oprea, 18:61-62.

47) John Witte Jr., *The Reformation of Right: Law, Religion, and Human Rights in Ealry Modern Calvinism* (Cambridge: Cambridge University Press, 2007), 2.

48) Philippe Bersnard, *Protestanisme et capitalisme: La controverse post-weberienne* (Paris: Armand Colin, 1970); H. M. Robertson, *Aspects of the Rise of Capitalism: A Critique of Max Weber and His School* (Cambridge: Cambridge University Press, 1933); Hartmut Lehmann and Guenther Roth, eds., *Weber's Protestant Ethic: Origins, Evidence, Contexts* (Cambridge: Cambridge University Press, 1993).

49) D. G. Hart, "Implausible: Calvinism and American Politics," in Davis, *Calvin's American Legacy*, 65-77.

50) Philip Benedict, *Christ's Churches Purely Reformed: A Social History of Calvinism* (New Haven: Yale University Press, 2002), 536-37.

51) André Biéler, *La pensée économique et sociale de Calvin* (Geneva: Georg, 1959).

참고문헌

1. 칼뱅의 주요 저서들

Calvin, John, *Calvini Opera Database 1.0*. Edited by Herman J. Selderhuis et al. Apeldorn: Instituut voor Reformatieonderzoek, 2005. DVD Database.

_____, *Calvin's Commentaries*. 22 vols. Grand Rapids: Baker, 1979.

_____, *Institutes of The Christian Religion*. tr. Ford L. Battles. 2 vols. Philadelphia: Westminster, 1959.

_____, *Tracts and Treatises,* 3 vols. Tr. by Henry Beveridge. Eugene; Wipf and Stock, 2002.

2. 칼뱅의 생애와 사상에 대한 연구서들

Backus, Irena and Philip Benedict, eds., *Calvin & His Influence, 1509-2009*. Oxford: Oxford University Press, 2011.

Battles, Ford L. and John R. Walchenbach, *Analysis of the Institutes of the Christian Religion by John Calvin*. Phillipsburg: P&R, 2001.

Beeke, Joel R., "Calvin on Piety." In *The Cambridge Companion to John Calvin,* ed. by Donald K. McKim, 125-152. Cambridge: Cambridge University Press, 2004.

Biéler, André, *La pensée économique et sociale de Calvin*. Geneva: Georg, 1959.

Cottret, Bernard, *Calvin. Biographie*. Paris: Jean-Claude Lattes, 1995.

Gamble, Richard C., "Sacramental Continuity among Reformed Refugees: Peter Martyr Vermigli and John Calvin." In *Peter Martyr Vermigli And The European Reformations,* ed. by Frank A. J. L. James, 97-112. Leiden: Brill; 2004.

Gordon, Bruce, *Calvin*. New Haven: Yale University Press, 2009.

Hall, David W. and Peter A. Lillback, eds., *Theological Guide to Calvin's Institutes*. Phillipsburg: P&R, 2008; 『칼빈의 기독교강요 신학사상』, 나용화 외 역, 기독교문서 선교회, 2011.

Hall, David W., ed., *Tributes to Jon Calvin*. Phillipsburg: P&R, 2010.

Hart, D. G., "Implausible: Calvinism and American Politics," in Thomas J. Davis, ed., *Calvin's American Legacy*, 65-77. Oxford: Oxford University Press, 2010.

Helm, Paul, *John Calvin's Ideas*. Oxford: Oxford University Press, 2006.

Hirzel, Martin Ernst and Martin Sallmann, eds., *John Calvin's Impact on Church and Society*, 1509-2009. Grand Rapids: Eerdmans, 2009.

Kingdon, Robert M., *Geneva and the Consolidation of the French Protestant Movement 1564-1572: Contritubtion to the History of Congregationalism, Presbyterianism, and Calvinist Resistance Theory*. Geneva: Droz, 1967.

Lane, Anthony N. S., *John Calvin: Sudent of the Church Fathers*. Edinburgh: T&T Clark, 1999.

Lindner, William, *John Calvin*. Minneapolis: Bethany, 1998.

Parker, Thomas H. L., *John Calvin: A Biography*. London: J. M.Dent & Sons, 1975.

Robertson, H. M., *Aspects of the Rise of Economic Individualism: A Criticism of Max Weber and His School*. Cambridge: Cambridge University Press, 1933.

Spijker, W. van't, *Calvin*, tr. Lyle D. Bierma. Louisville: John Konx Westminster, 2009.

Steinmetz, David C., "The Theology of John Calvin." In *The Cambridge Companion to Reformation Theology*, ed. by David C. Steinmetz and David Bagchi, 113-129. Cambridge: Cambridge University Press, 2004.

Wendel, François, *Calvin: Origins and Development of His Religious Thought*. tr. Philip Mairet, Baker Academic; 1st Labyrinth Press Ed edition, 1995; 방델, 『칼빈, 그의 신학사상의 근원과 발전』, 김재성 역, 크리스챤 다이제스트, 1999.

Witte, John, Jr., *The Reformation of Right: Law, Religion, and Human Rights in Early Modern Calvinism*. Cambridge: Cambridge University Press, 2007.

김재성, 『나의 심장을 드리나이다: 칼빈의 생애와 신학』, 킹덤북스, 2012.

_____, 『Happy Birthday, 칼빈』, 킹덤북스, 2011.

_____, 『성령의 신학자, 요한 칼빈』, 생명의 말씀사, 2004.

_____, 『칼빈과 개혁신학의 기초』, 합동신학대학원 출판부, 1997.

홀트롭, 필립, 『기독교강요 연구 핸드북』, 박희석·이길상 역. 크리스챤 다이제스트, 1995.

세창사상가산책 5 │ 칼뱅